LOCUS

LOCUS

LOCUS

LOCUS

from

vision

**from 64 合作的競化**
***The Evolution of Cooperation***
作者：Robert Axelrod
譯者：胡瑋珊
責任編輯：湯皓全
校對：呂佳眞
美術編輯：蔡怡欣
法律顧問：全理法律事務所董安丹律師
出版者：大塊文化出版股份有限公司
台北市105南京東路四段25號11樓
www.locuspublishing.com
**讀者服務專線：0800-006689**
TEL：(02) 87123898　FAX：(02) 87123897
郵撥帳號：18955675　戶名：大塊文化出版股份有限公司


總經銷：大和書報圖書股份有限公司
地址：台北縣五股工業區五工五路2號
TEL：(02) 89902588 (代表號)　FAX：(02) 22901658
排版：天翼電腦排版印刷有限公司
製版：源耕印刷事業有限公司
初版一刷：2010年5月

定價：新台幣 280元
Printed in Taiwan

# The Evolution of Cooperation
# 合作的競化

Robert Axelrod 著
胡瑋珊 譯

目次

# 作者序言

這本書的研究計畫始於一個簡單的問題：人與人互動時，什麼時候應該合作，什麼時候該爲自己著想？對從未回報的朋友是否要繼續給予好處？企業是否應對瀕臨破產的其它企業即時伸出援手？對於蘇聯特定的敵對行爲，美國施以制裁懲罰的力道該怎樣拿捏？美國哪種行爲模式最能誘出蘇聯的合作行爲？

有個簡單的方法可以呈現形成這些問題的情況——就是一種名爲「重複囚徒困境」(the Iterated Prisoner's Dilemma) 的特殊賽局型態。這種賽局讓參與者能夠藉由合作實現雙贏，但也讓參與者可以利用對方，或者造成雙方都不合作的情形。正如大多數現實的情況，參與者彼此的利益並非嚴重對立。我邀請了賽局理論專家提交「囚徒困境競賽」

的電腦程式——很像一場國際電腦西洋棋大賽——希望爲這種情況找出適用的良策。每個程式都有到目前爲止的互動歷史紀錄，可以運用這段歷史選擇對目前這一步（move）採取合作態度。參賽作品來自經濟學、心理學、社會學、政治學、數學等領域的賽局理論家。我以隨機循環賽（round robin tournament）讓這十四項參賽作品彼此對抗。大出我的意料之外，結果由這裡頭最簡單的程式——「以牙還牙」（TIT FOR TAT）勝出。「以牙還牙」程式的策略很簡單，以合作開始，再視對手前一步的做法以牙還牙。

之後我把競賽結果分送出去並徵求作品參加第二輪競賽。這一次我收到六十二項作品，分別來自六個國家。大多數參賽者是電腦愛好者，但也有演化生物學、物理學、電腦科學等學科的教授，以及第一輪參與的五個學科。就如第一輪競賽，有些程式非常複雜。此外，還有一些程式試圖改善「以牙還牙」程式。第一輪贏家——多倫多大學（University of Toronto）阿納托・拉波波特（Anatol Rapoport），再度以「以牙還牙」程式參賽。這一回，他又贏了。

這裡有一點很有意思。我在想，以牙還牙程式在競賽之中賴以大放異彩的特性，也適用於**任何**策略都可能出現的眞實世界之中。如果是這樣，那麼僅以互惠爲基礎的合作似乎是可能的。不過，我想要知道需要什麼確切的條件，才能在互惠的基礎上促進合作。這種思維引導我從演化的角度思考：沒有中央權力的影響之下，利己主義者間需要什麼條件配合，合作才能成局？演化角度的考量引出三個不同的問題。第一，在合作策略不占優勢的環境中，潛在的合作策略如何才能立足？第二，在個體策略複雜多樣、變化多端的環境中，什麼樣的策略方能茁壯？第三，當一群人一旦充分發展出這樣的策略之後，在什麼條件下，方能抵禦合作度較低的策略入侵？

競賽結果發表於《衝突解決期刊》(*Journal of Conflict Resolution*)（艾瑟羅德，一九八〇年a和一九八〇年b），本書第二章便是說明其經過修訂後的版本。關於初步可行性、強健性和穩定性的理論結果，則發表於《美國政治科學評論》(*American Political Science Review*)（艾瑟羅德，一九八一年）。這些發現更爲本書第三章提供了立論的基礎。

在思考過社會層面的合作演化之後，我領悟到這些研究發現也具備生物演化的意涵。因此我與生物學家威廉・漢密爾頓（William Hamilton）合作，進一步研究這些策略思維之於生物層面的含義。這次的合作產生了一篇論文，就發表在《科學》(*Science*) 雜誌（艾瑟羅德和漢密爾頓，一九八一年），本書第五章將會介紹這篇經過修訂後的論文。

這篇論文獲得美國科學促進協會（American Association for the Advancement of Science）頒發的紐科姆克利夫蘭獎（Newcomb Cleveland Prize）。

受到各界反應熱烈的鼓舞，我決定以一般人也可以理解的形式介紹這些想法，擴大讀者的範疇，不光是生物學家和數學導向的社會科學家，只要是對促進個人、組織和國家合作的條件有興趣、想要了解的讀者都可以閱讀。我進而看到這些想法在各種具體情況的廣泛用途，並且意識到這些研究結果可以怎樣輕易地影響私人行爲和公共政策的層面。

有一點應在一開始便先強調，這種方式不同於社會生物學的取向。社會生物學的立論基礎，是假設人類的重要行爲層面乃受基因遺傳引導（如威爾遜〔E. O. Wilson〕，一九七五年）。也許是如此。不過本書的方法取向是**策略性的**，而不是**基因遺傳的**。它採用演化的角度，乃因人們往往置身於持續採用有效策略和拋棄無效策略的情況。有時候選擇過程是直接的：國會成員若與同僚互動中一事無成，就別想在國會待下去了。

在這個寫作計畫的各個階段，得到很多人的協助，謹此獻上十二萬分的謝意。感謝喬納森・班德（Jonathan Bendor）、羅伯特・博伊德（Robert Boyd）、約翰・布雷姆（John

Brehm）、約翰・張伯倫（John Chamberlin）、喬爾・科恩（Joel Cohen）、樓・阿斯惕（Lou Erste）、約翰・費內（John Ferejohn）、帕蒂・法蘭區（Patty French）、伯納德・葛羅夫曼（Bernard Grofman）、健・隼雄（Kenji Hayao）、道格拉斯・霍夫施塔特（Douglas Hofstadter）、朱迪・傑克遜（Judy Jackson）、彼得・卡曾斯坦（Peter Katzenstein）、威廉・基奇（William Keech）、馬丁・凱斯勒（Martin Kessler）、詹姆斯・馬奇（James March）、唐納德・馬卡姆（Donald Markham）、理查德・馬蘭德（Richard Matland）、約翰・邁耶（John Meyer）、羅伯特・門基（Robert Mnookin）、拉里・莫爾（Larry Mohr）、林肯・摩西（Lincoln Moses）、米拉・歐爾威客（Myra Oltsik）、約翰・帕吉特（John Padgett）、傑夫・平內寧（Jeff Pynnonen）、佩內洛普・洛姆蓮（Penelope Romlein）、艾米・沙丁哥（Amy Saldinger）、萊因哈特・澤爾騰（Reinhart Selten）、約翰・大衛・辛克萊（John David Sinclair）、約翰・蕭爾茨（John T. Scholz）、塞爾・泰勒（Serge Taylor）、羅伯特・特里弗斯（Robert Trivers）、大衛・斯隆・威爾遜（David Sloan Wilson），以及特別是邁克爾・科恩（Michael Cohen）。我還要感謝所有提供作品的人士，他們的參與讓這場競賽成爲可能。他們的姓名列於附錄A。

最後，十分感激讓這個計畫得以成眞的機構：密西根大學公共政策研究所（the Institute of Public Policy Studies of The University of Michigan）、行爲科學高級研究中心（the Center for Advanced Study in the Behavioral Sciences）和國家科學基金會（National Science Foundation）（獎助編號：SES-8023556）。

# 新版代序

這是一本樂觀的書。但這是一種可信的樂觀，而非天眞、不切實際地期望天上掉下禮物（或革命中的情緒激情）。

要成爲可信的樂觀，首先必須承認基本的事實，包括現實的人性，以及萬物的本質。就我們所知，所謂生命——說不定甚至整個宇宙其他地方也可能存在的生命（如果有的話）——全都意味著達爾文學派進化的生命（Darwinian life）。在達爾文適者生存的理念裡，世界充滿各種爲求生存必須具備的特質。身爲達爾文主義者，我們一開始便悲觀地假設在物競天擇的層次中，人性深度自私，對他人的苦難冷漠無情，爲求成就自我不惜犧牲他人。儘管出發點這樣扭曲，但是就算不是刻意追求，近似兄弟姐妹的情誼實際上還是存在的。羅伯特・艾瑟羅德了不起的著作便楬櫫這樣令人振奮的訊息。

我雖然不算最有資格寫這篇序言的人，但卻頗有淵源。我在一九七〇年代末期發表第一本著作《自私的基因》(*The Selfish Gene*)(裡面解釋了上述的悲觀原則)之後數年，突如其來地收到一位美國政治科學學家羅伯特・艾瑟羅德(我當時並不認識他)寄來的信函。裡面宣布將舉辦一場重複囚徒困境賽局的「電腦競賽」(computer tournament)，並邀請我也參與競賽。說得更精確一點，也就是請我提交一份參與競賽的電腦程式——人與電腦程式有一項很重要的區別，就是電腦程式並無「有意識的遠見」(conscious foresight)。那時我沒有交出參賽作品，但深受這個主意吸引，並在當時那個階段爲這項計畫做了一項有價值的(雖然相當消極)貢獻。艾瑟羅德是一位政治科學教授，我覺得他須與演化生物學家合作。於是回給他一封信，介紹他與漢密爾頓(W. D. Hamilton)認識。漢密爾頓可能是我們這一代最傑出的達爾文派學者，但可惜於二〇〇〇年剛果叢林探險之後不幸死亡。一九七〇年代，漢密爾頓也在密西根大學任教，但他與艾瑟羅德分屬不同科系，互不認識。收到我的信後，艾瑟羅德立即聯繫漢密爾頓，他們合作的論文可以說是本書的前身，重點摘錄在本書第五章。這篇論文的名稱與這本書相同，發表於一九八一年《科學雜誌》，並贏得美國科學促進協會紐科姆克利夫蘭獎。

《合作的競化》這本書的美國初版是在一九八四年發行。此書一出版，我就懷著極大的熱情讀完，並且像傳福音般懇切地推薦給每一個遇到的人。出版後的這些年來，牛津大學每一個我教過的學生，都必須針對艾瑟羅德這本書寫一篇報告，而這也是學生最愛寫的報告之一。但是這本書沒有在英國出版，而且無論如何，書面文字都沒有電視節目那麼受歡迎。所以，一九八五年，英國廣播公司（BBC）的傑瑞米・泰勒（Jeremy Taylor）邀我主持《地平線》（*Horizon*）節目中一部以艾瑟羅德的研究工作爲主軸的影片時，我便欣然答應。我們將這部影片取名爲《好人有好報》（*Nice Guys Finish First*）。我得在許多平常並不熟悉的地點念稿——例如足球場、英國中部工業地帶的某間學校、某座中世紀修道院的廢墟、百日咳疫苗接種診所，以及複製的第一次世界大戰戰壕。《好人有好報》在一九八六年春天開播，十分叫座，不過從未在美國播出——是不是因爲我的英國口音實在難懂，那就不得而知了。這個節目也使我一度成爲「寬宏大量」、「不會嫉妒他人」和「好人」的公眾代表——這點讓我十分安慰，至少讓我洗刷自私大王的惡名，而且也充分證明名稱的影響力凌駕於內容之上。我的著作書名爲《自私的基因》，我因此一九八九年，我答應牛津大學出版社（Oxford University Press）發行《自私的基因》第二版的要求。其中有兩章是根據我在這十二年期間最喜歡的兩本書——可想而知，這兩章當中的第一章就是闡述艾瑟羅德的著作，章名仍沿用《好人有好報》。但我仍覺得艾瑟羅德的著作應在我自己的國家印行，於是主動接觸企鵝圖書公司（Penguin Books），很高興他們接受我的建議，出版這本書。他們並邀我爲英國平裝本寫序。現在羅伯特·艾瑟羅德本人更邀我爲這本書的新版更新序言，讓我更是倍加欣喜。

自《合作的競化》首度付梓二十二年以來，說它已經延伸出一個嶄新的研究領域，可是一點也不誇張。一九八八年，艾瑟羅德和同事道格拉斯·狄翁（Douglas Dion）將直接或間接受到《合作的競化》啓發的研究報告，彙編成一份出版書目。他們列出了兩百五十多份在那個時候有以下這些標題的作品：「政治與法律」、「經濟學」、「社會學和人類學」、「生物應用」、「理論（包括演化論）」、「自動化理論（電腦科學）」、「新的競賽」和「雜項」。艾瑟羅德和狄翁的另一份合作論文發表於《科學雜誌》（二四二卷，一九八八年，一三八五—一三九〇），標題爲〈再探合作的競化〉（The Further Evolution of Cooperation），總結一九八四年以來四年間這個領域的進展。

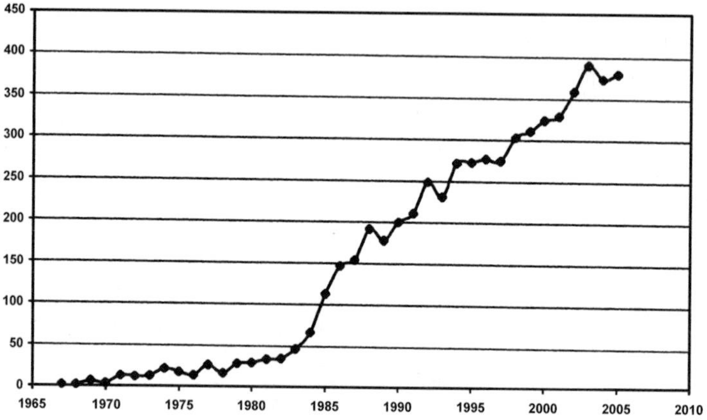


科學文獻每年引用羅伯特・艾瑟羅德的次數

時至今日已近二十個年頭，這本書啓發的研究領域數量仍然快速增長。這個圖說明了**每年**科學文獻引用羅伯特・艾瑟羅德的次數，這些數字清楚呈現，一本有影響力的書對一個研究領域發展的影響。請注意，圖中這條線在一九八四年後——《合作的競化》的出版日——便驟升的急遽變化。合作理論的延伸可見於各類主題的書籍之中，包括戰爭的防範（胡特〔Huth〕，一九八八年）、社會變遷（特里弗斯〔Trivers〕，一九八五年）、物種合作（杜嘎特基〔Dugatkin〕，一九九七年）、人類歷史（賴特〔Wright〕，二〇〇〇年），演化賽局論（金蒂斯〔Gintis〕，二〇〇〇年）、有助社會資本建立的信任、互惠網絡（普特南〔Putnam〕，二〇〇〇年）、個體經濟學（鮑爾斯〔Bowles〕，二〇〇四年）、科幻小說（安東尼〔Anthony〕，一九八六年），以及艾瑟羅德自己的著作（一九九七年和二〇〇一年）。

但是在仔細思考這些新的研究之後，我留下的主要印象是，這本書的基本結論仍然屹立不搖，無需改變。我就如滔滔不絕的聒噪老水手一般，多年來一直對學生、同事，和碰到的熟人大力推薦這本書。我著實認爲，如果每個人都學習和理解這本書的理念，這個地球將會變得更美好。我們應該將全世界的領袖都關起來，直到讀完本書之後才能讓他們重獲自由。他們將會樂在其中，而我們也將因此得救。本書的確有資格取代聖經。

**理查・道金斯（Richard Dawkins）**

**牛津，二〇〇六年六月**

# 參考文獻

Anthony, Piers. 1986. *Golem in the Gears*. New York: Ballantine Books.

Axelrod, Robert. 1997. *Complexity of Cooperation: Agent—Based Models of Competition and Cooperation*. Princeton, NJ: Princeton University Press.

Axelrod, Robert, and Michael D. Cohen. 2001. *Harnessing Complexity: Organizational Implications of a Scientific Frontier*. New York: Free Press.

Bowles, Samuel. 2004. *Microeconomics: Behavior, Institutions, and Evolution*. New York: Russell Sage Foundation and Princeton University Press.

Dugatkin, Lee Alan. 1997. *Cooperation Among Animals: An Evolutionary Perspective*. New York and Oxford: Oxford University Press.

Gintis, Herbert. 2000. *Game Theory Evolving: A Problem—Centered Introduction to Modeling Strategic Interaction*. Princeton, NJ: Princeton University Press.

Huth, Paul K. 1988. *Extended Deterrence and the Prevention of War*. New Haven, CT and

London: Yale University Press.

Putnam, Robert D. 2000. *Bowling Alone: The Collapse and Revival of American Community*. New York: Simon & Schuster.

Trivers, Robert. 1985. *Social Evolution*. Menlo Park, CA: Benjamin/Cummings.

Wright, Robert. 2000. *Non—Zero: The Logic of Human Destiny*. New York: Pantheon.

# 第一篇

# 導言

# 1　合作的問題

利己主義者當道的世界中，在沒有中央權力的影響之下，合作需要什麼條件的配合才能成局？人們長久以來一直對這個問題倍感好奇。這是有原因的。我們都知道，人類畢竟不是天使，通常是以私利爲出發點，爭取自己的權益。儘管如此，我們也知道，合作確實可以成局，而這也正是人類文明建立的基石。不過在人人各有私心的情況下，怎樣才能跨出合作的第一步？

每個人對這個問題都各有答案，而這些也影響著我們怎樣看待和他人在社會、政治、經濟層面的關係。他人對於這個問題的答案，也會深切影響他們和我們合作的意願。

湯瑪斯・霍布斯（Thomas Hobbes）三百年前爲這個問題提出的答案，最爲人所知。

他悲觀地指出，自私自利的人無情地彼此競爭，使得人生陷入「孤單、貧乏、惡劣、殘酷、而且短暫」的境地，早在政府組織存在之前，大自然便爲這個問題所主導（霍布斯〔Hobbes〕，一六五一／一九六二年，第一〇〇頁）。在他看來，若無中央權力的帶動，合作不可能產生，因此還是需要強大的政府力量。自此之後，有關政府權限怎樣才算妥當的討論，往往聚焦於特定領域之中，如果沒有威權力量主導情勢，能不能期望合作得以成局。

當今各國之間的互動並無中央權力的影響。所以合作成局的條件便和許多國際政治的核心事務大有關係。其中最重要的問題在於「安全困境」（security dilemma）：國家爲求自身的安全，往往對他國的國安構成挑戰。像是區域衝突升高以及軍備競賽等領域，都可見到這個問題。另外像是聯盟、關稅談判，以及塞浦路斯（Cyprus）等地的族群衝突，這些國際之間彼此角力的關係上，也會出現相關的問題。①

蘇聯於一九七九年入侵阿富汗，令美國置身於典型的「抉擇困境」（dilemma of choice）。如果美國不當一回事、照常運作，蘇聯可能食髓知味，日後會嘗試其他形式的非合作行爲。但另一方面，美國如果大幅降低合作關係，卻可能引來某種形式的報復，而蘇聯的報復行動可能進而引爆美方的反制，令雙方陷入互相爲敵的模式，周而復始，難以脫身。國內對於外交政策的辯論，焦點大都在於這種類型的問題。這是有道理的，因爲這些問題都是艱難的抉擇。

在日常生活中，我們可以問自己，如果朋友一直沒有回請，我們會邀請他們共進晚餐幾次。公司執行主管幫忙另一位主管，爲的是獲得對方的回報。新聞記者若取得外洩的消息，爲了讓消息來源日後洩漏更多的情報，會對他們提供有利的報導。如果一個產業之內只有兩家公司主導，那麼其中一家的定價會居高不下，預期另外一家公司也會跟著他們維持高價——這種做法雖然對雙方有利，但卻犧牲了消費者的權益。

以我看來，美國參議院這類立法機構發展出來的行爲模式，正是合作行爲成局的典型模式。每名參議員爲了選票，都得爲他或她的選民好好表現，甚至不惜與其他參議員衝突，而其他參議員同樣也想讓選民覺得**自己**很行。但這可不是兩極利益衝突的零和賽局（zero-sum game）。其實正好相反，這兩名參議員之間有許多機會可以從事互利的活動。在參議院裡面，這些互利的行動已造就許多精心設計的規範或慣例。其中最重要的是互惠規範（norm of reciprocity）——這是協助同事以獲得對等回報的慣例。換票就是一例，但這種慣例也延伸到各類互利行爲，種類多到「若說互惠是參議院的一種生活型態，可是毫不誇張。（馬修斯〔Matthews〕，一九六〇年，第一〇〇頁；另見梅休〔Mayhew〕，一九七五年）。

華盛頓的政治運作並非一直如此。早期的觀察家認爲華府成員沒有道德可言、非常不可靠，以「謊言、欺騙、背叛」著稱（史密斯〔Smith〕，一九〇六年，第一九〇頁）。一九八〇年代，互惠的慣例已經確立，參議院在過去二十年中出現不少重大改變，加強分權、增加開放度、權力分配更爲平均，但這些改變並未削弱互惠的慣例（奧恩斯坦〔Ornstein〕、皮博迪〔Peabody〕和羅德〔Rhode〕，一九七七年）。我們稍後便會了解到，在說明互惠合作怎麼成局或扎根的時候，**無須**假設這些參議員比早期同僚誠實、慷慨或更爲大眾著想。合作的成局，可說是個別參議員追求自身利益的結果。

這本書的取向是研究個人在追求自身利益時會採取什麼行動，接著分析這些行爲對整個體系有何影響。換句話說，這個方法是對個人動機做些假設，然後推論這種行爲對整個體系的後果（謝林〔Schelling〕，一九七八年）。美國參議院的情況是一個很好的例子，但同樣類型的推論方式也適用於其他環境。

這個寫作計畫的目的是要發展一套合作理論，以探討需要什麼條件合作才會成局。而我們透過對合作成局所需條件的了解，可以針對特定環境採取適當的行動，以促進合作的發展。

本書介紹的「合作理論」是以個人追求私利爲基礎，沒有中央權力介入迫使他們彼此合作。這樣假設私利的用意是，我們可就合作並非完全基於關心他人或群體整體福利的困難情況進行探討。不過，必須強調的是，這個假設看似受到許多限制，但其實並非如此。如果一個女性關心她的兄弟的福利，這份關心或許也可算入她的私利（另外還包括許多其他事情）之中，但未必表示手足間所有潛在的衝突就此徹底消除。同樣地，國家的行動或許有一部分是基於友國的利益，不過這可不表示友好國家絕對會爲了互惠的利益合作。因此，私利的假設實際上就只是一種假設，對他人的關心並不會化解什麼時候要和他們合作、什麼時候則否的問題。

兩個工業國家針對彼此的出口建立貿易壁壘，便是說明合作根本問題一個很好的例子。由於自由貿易互利的好處，如果消除這些貿易障礙，對這兩個國家都會比較有利。但是，如果任何一國單方面取消貿易壁壘，則會面臨有害本國經濟的貿易條件。事實上，不管一個國家怎麼做，另一個國家最好還是保留自己的貿易壁壘。所以問題在於，雙方國家都有保留貿易壁壘的誘因，不能像彼此合作那樣互利，結果造成比較糟糕的結局。

在各方追求私利導致對全體不利的結果時，這個基本問題便出現了。具備這類屬性的具體情境種類極爲廣泛，爲了促進各位讀者的了解，我需要一套方法來代表這類情形的共通性，以免膠著於個別情況獨具的細節。幸運的是，現在已有一套這樣具有代表性的方法：那就是著名的**囚徒困境賽局**。②

在囚徒困境賽局裡，有兩名參與者（player）。每個參與者有兩個選擇，即合作或背叛。每個參與者都必須在不知道對方下一步會如何回應的情況下，做出選擇。無論對方怎麼做，背叛產生的收穫都會比合作高。困境在於如果雙方都背叛，彼此的收穫都會比合作時差。本書分析將以這個簡單的賽局爲基礎。

賽局的運作方式如圖一所示。一個參與者從橫列（Row）裡面選擇合作（Cooperation）或背叛（Defect）。另一個參與者同時從直的欄（Column）裡面選擇合作或背叛。合起來，這些選擇產生矩陣裡面四種可能結果中的一個。如果兩個參與者都選擇合作，雙方都得到相當不錯的結果。雙方各得到一個**獎勵**（R—Reward），**作爲相互合作的收穫**。在圖一

**直欄參與者**

| | | 合作 | 背叛 |
|---|---|---|---|
| **橫列參與者** | 合作 | $R$=3，$R$=3<br>相互合作的獎勵 | $S$=0，$T$=5<br>笨蛋的收穫，與背叛的誘惑 |
| | 背叛 | $T$=5，$S$=0<br>背叛的誘惑，與笨蛋的收穫 | $P$=1，$P$=1<br>相互背叛的懲罰 |

注意：橫列參與者的收穫列於首項。

**圖一：囚徒困境**

具體的例子裡面，$R$是3分。這個數字可能是，例如，這個結果之中個別參與者所得的收穫金額。如果一名參與者選擇合作，但另一個選擇背叛，背叛的參與者受到**誘惑**（$T$—Temptation）**而背叛**，合作的參與者得到了**笨蛋**（$S$—Sucker）**的收穫**。在這個例子中，$T$和$S$分別是5分和0分。如果這兩個參與者都選擇背叛，兩個參與者都是1分，作爲**相互背叛的懲罰**（$P$—Punishment）。

在這樣的賽局裡你應該怎麼做？假設你是橫列參與者，而且你認爲直欄參與者會選擇合作。這意味著你將獲得圖一第一欄兩個結果中的一個。你有一個選擇。你可以也合作，取得相互合作的獎勵3分。或者，你可以背叛，得到5分的誘惑收穫。所以如果你認爲另一方參與者將會合作，那你背叛是値得的。但現在假設你認爲另一方參與者可能會背叛。現在你是在圖一的第二欄，你的選擇可以是合作，這將使你獲得笨蛋的0分，或者背叛，這將導致獲得相互懲罰的1分。因此如果你認爲另一方參與者將會背叛，那你背叛是値得的。這意味著，如果你認爲另一方參與者將進行合作，你最好是背叛；如果你認爲另一方參與者可能會背叛，你最好是背叛。因此，無論對手如何選擇，你的背叛是値得的。

到目前爲止，一切都很好。但是同樣的邏輯也適用於對手。因此，不管對方預期你會怎麼做，他都應該背叛。因此，你們兩個都應背叛。但這樣一來，你們都得到1分，不如你們倆合作可以得到的3分。個人基於理性考量得到的結果，卻不如雙方可能得到的收穫。因此產生困境。

囚徒困境不過是以一種抽象的公式來代表一些非常常見、而且十分有意思的情形，在這些情形中，個人最有利的選擇卻會導致彼此互相背叛，可是彼此合作其實對雙方都有利。根據囚徒困境定義的條件，這四個不同可能的結果之間有幾個關係存在。第一個關係是四個收穫的高低次序。參與者最好的收穫是$T$，也就是在另一方參與者合作時背叛的誘惑。最糟糕的收穫是$S$，也就是對方背叛時自己卻合作的笨蛋。其他兩個結果的次序，基於假設，相互合作的獎勵$R$會比相互背叛的懲罰$P$好。這樣一來，四個收穫從最好到最差的優先排序，爲$T$、$R$、$P$和$S$。

囚徒困境定義的第二部分是，參與者輪流利用對方，以至於無法擺脫他們的困境。這個假設意味著利用的機會均等，以及被利用的結果對於個別參與者而言，沒有彼此合作的結果來得理想。因此，彼此合作的收穫假設大於誘惑和笨蛋的平均收益。這個假設，再加上四個收穫的排名順序，構成了囚徒困境的定義。

因此，兩個利己主義者玩一次這個賽局的話，都將選擇有利自己的優勢選擇——背叛，因此每個參與者得到的收穫都會低於雙方合作的結果。如果參與者玩這個賽局的次數爲一已知的有限次數的話，他們仍然沒有合作的誘因。在賽局的最後一步，因爲對未來已經沒有影響力了，所以確實如此。在這之前的一步，參與者雙方也都沒有合作的誘因，因爲兩者都預期另外一方會在最後一步背叛。這種推論路線意味著，在已知的有限長度下，無論次數多寡，賽局會變成從一開始就相互背叛（盧斯〔Luce〕和雷法〔Raiffa〕，一九五七年，第九四—一○二頁）。這種推理並不適用於次數不確定的互動賽局。在大多數現實的情況下，參與者不確定何時會發生最後的互動。我們在後面將會看到，互動次數無限時，合作可以發生。接下來的問題便轉到哪些確切的必要和充分條件才能促使合作成局。

在這本書中，我每次只會探討兩個參與者之間的互動。一個參與者可與許多另一方參與者互動，但本書假設爲單一參與者一次只與眾人當中的一個互動。③並且假設每一次互動時，這個參與者知道另一名參與者是誰，且記得彼此之間先前的互動過程。這種辨識和記憶的能力讓單一參與者在決定策略時，可將以往互動的特定歷史納入考量。

現在已開發出多種可以化解囚徒困境的方法。每一種方法都涉及一些額外的活動，而這些活動會徹底改變問題的本質，從而改變策略性的互動。不過，由於在很多情況下，這些補救措施都使不上力，所以原有的問題仍然存在。因此，本書將不考慮這些變化，而是以這個問題的根本形式來考量。

一、沒有任何機制可以讓參與者進行有力的威脅或承諾（謝林〔Schelling〕，一九六〇年）。由於參與者不能承諾特定的策略，每一個人都必須考慮到另一方參與者所有可能的策略。此外，參與者們可以運用一切可能的策略。

二、沒有辦法可以確定另一方參與者在下一步裡會怎麼走。這消除了超賽局（metagame）分析的可能性（霍華德〔Howard〕，一九七一年），令參與者無法運用這類分析採取「另一方參與者即將採取的相同選擇」之類的選項。這也消除了可靠信譽的可能性，例如觀察對手與第三方的互動過程或結果。因此，參與者唯一的資訊是與對手自賽局開始至今的互動歷史。

三、無法消除對手或避開互動。因此，每個參與者在每一步裡只能選擇合作或背叛。

四、沒有辦法改變另一方參與者的收穫。個別參與者對對手的利益不論有何考量，都已納入收穫之中（泰勒〔Taylor〕，一九七六年，第六九—七三頁）。

在這些條件之下，光說不做的空話毫無意義可言。參與者只有透過賽局中本身行爲的排序來和彼此溝通。這是囚徒困境基本形式的問題。

參與者可能再次對上的事實，則可能促使合作成局。這種可能性意味著，現在的選擇不僅決定了這一局的結果，也會影響參與者在日後賽局中的選擇。因此，未來可能爲現在蒙上陰影，從而影響目前的策略形勢。

但是未來的重要性沒有目前來得高，原因有二。首先，由於參與者收穫的時間落到未來，所以他們對其價值的重視程度往往較低。第二，參與者未來不會再碰頭的機會總是有的。當一個參與者或另外一方搬家、調職、死亡或破產時，雙方持續的關係便可能因而終結。

基於這些原因，參與者對於下一步行動的收穫的考量，總是小於目前的這一步。有個方法可把這個因素自然地納入考慮，那就是累計賽局中每一步的收穫，讓參與者下一步行動對其目前策略存有些許的價值（舒貝克〔Shubik〕，一九七〇年）。下一步行動相對於目前這一步的權重（或重要性）將以 $w$ 表示。它代表每一步的收穫相對於前一步的折扣程度，因此，稱之爲**折扣參數**（discount parameter）。

折扣參數可以用來決定整個序列的收穫。舉一個簡單的例子，假設每一步的重要性只有前一步的一半，可以 $w=\frac{1}{2}$ 表之。如果一連串的互相背叛之下，每一步收穫爲1分，那麼第一步的收穫價值爲1，第二步爲$\frac{1}{2}$，第三步爲$\frac{1}{4}$……以此類推下去。這個序列的累積值將是$1+\frac{1}{2}+\frac{1}{4}+\frac{1}{8}$……正好是2。一般來說，每一步得到一分的總價值將爲$1+w+w^2+w^3$……有個重點相當實用，對任何大於0小於1的 $w$，無窮等比級數的總和爲$1/(1-w)$。以另一個例子來看，如果每一步有前一步的百分之九十的價值的話（$w=.9$），一系列的1分的收穫的價值將爲10分，因爲$1/(1-w)=1/(1-.9)=1/.1=10$。同樣地，$w$仍爲.9時，一系列的3分互利收穫的價值將爲30分，爲一系列的1分的收穫的價值的三倍。

現在考慮一個兩位參與者互動的例子。假設某一個參與者秉持總是背叛（ALL D）的原則，而對方則根據以牙還牙（TIT FOR TAT）的策略。以牙還牙策略是在第一步合作，然後每一步都是採取對方上一步的做法。這項政策意味著，以牙還牙將在另一方參與者每一次背叛之後背叛一次。當對方採用以牙還牙的策略時，總是背叛的參與者將在第一步得到$T$，和在之後的每一步得到$P$。這位採用「總是背叛」策略的參與者得到的收穫**價值**（或**分數**）將爲加總第一步$T$、第二步$wP$、第三步$w^2P$（以下類推）、……的總和。④

「總是背叛」和「以牙還牙」都是策略。一般來說，一個**策略**（或**決策規則**）是無論情勢如何變化都可應用的一種規格。局勢本身取決於賽局至今的歷史。因此，經過某些模式的互動之後，策略可能採取合作，並隨著他人之後採取背叛。此外，策略可以使用或然率，例如例子中的規則，在每一步都完全隨機以相同的或然率選擇合作或背叛。策略也可以相當精密的方式，透過賽局到目前爲止的結果模式，判斷下一步要怎麼做。有個例子是，每一步都根據複雜的程序（如馬爾可夫程序〔Markov Process〕），建構對方的行爲模型，然後以精密的統計推論法（如貝氏分析〔Bayesian analysis〕），做出長期似乎是最理想的選擇。要不然，這也可能是其他策略一些複雜的組合。

你忍不住想問許多問題，第一個可能就是「什麼是最好的策略？」換句話說，什麼策略會讓單一參與者獲得最高的分數。這是一個好問題，但誠如稍後所示，最理想的規則絕對不會獨立存在於對方所採取的策略之外。這樣看來，重複囚徒困境和棋局之類的賽局完全不同。棋局大師可以穩當地假設，另一方參賽者會下出最令人擔心的一步。這個假設提供了棋類賽局規劃策略的依據，在這類賽局中，參賽者的利益是完全對立的。但是，囚徒困境賽局代表的情況有很大的不同。參與者們的利益並非徹底兩極。兩位參與者可以透過相互合作獲得不錯的獎勵$R$，或透過相互背叛獲得不好的懲罰$P$。如果假設另一方參與者將下出最讓人擔心的一步，會令你預期另一方永遠不會合作，這個期望會引導你選擇背叛，從而導致無休無止的懲罰。因此，有別於棋類賽局，在囚徒困境賽局裡面，假設另一方就是要置你於死地是不可靠的。

事實上，在囚徒困境賽局裡面，效果最好的策略直接取決於另一方參與者使用何種策略，特別是，對方採用的策略是否留下發展相互合作的餘地。這一原則的基礎在於，下一步相對於當前這一步的權重夠大，讓未來的行動占有一席之地。換言之，折扣參數 $w$ 必須夠高，未來之於總收穫計算的重要性才會大。不過，如果你不可能再遇上對方，或者如果你不關心未來的收穫，那麼你不妨現在就背叛，也不用擔心未來的後果。

這帶出了第一個正式的命題。不幸的是，如果未來是重要的，那就沒有一個最好的策略。

**命題1**：如果折扣參數 $w$ 夠高，那就沒有最好的策略可以獨立於另一方所使用的策略之外。

證明本身並不難。假設另一方使用「總是背叛」策略。如果另一方參與者永遠不會合作，你自己最好的做法也是「總是背叛」。現在，另一方面，假設另一方參與者使用的策略是「永久報復」(permanent retaliation)。這是合作的策略，直到你背叛，另一方參與者之後就一直背叛。在這種情況下，你最好的策略是絕不背叛，一旦你受不了誘惑而背叛，這次的誘惑收穫 $T$ 終將被長期的不利抵銷和超過，因爲未來只可能獲得懲罰 $P$，而不是報酬 $R$。只要折扣參數夠大，這個結果都成立。⑤因此，你是否應合作，甚至在第一步就予以配合，取決於另一方參與者正在使用的策略。所以，如果 $w$ 夠大，就沒有一個最好的策略。

在美國參議院之類立法機構的例子裡，這個命題是說，如果一位參議員將與另一名參議員**再度**互動的機會夠大，則沒有一個最好的策略可以獨立於對方所使用的策略之外。最理想的做法是和未來會回報這次合作的同儕合作，而不是和未來行爲受此互動影響不大的人合作。對方未來會回報時，最好是與之合作，但對未來行爲不會受到這次互動很大影響的人（例如見欣克利〔Hinckley〕，一九七二年）。達成穩定的相互合作的可能性，取決於持續互動的機會夠大，也就是以 $w$ 的大小衡量。事實上，在美國國會的情況，由於兩年一次的國會成員替換率從共和國初期四十年間的百分之四十左右，下降到近年來的百分之二十左右或更低，兩名國會成員之間持續互動的機會已經大幅增加（楊〔Young〕，一九六六年，第八七—九〇頁；波爾斯比〔Polsby〕，一九六八年；瓊斯〔Jones〕，一九七七年，第一五四頁；帕特森〔Patterson〕，一九七八年，第一四三—四四頁）。

不過，說互動機會持續不斷對合作的發展是必要的，可不是說有這個條件就夠了，兩者是不一樣的。先前說明沒有一個最好的策略，而這樣的說明留下了這個問題——當兩個個體之間持續互動的或然率確實夠高時，這兩人預料會出現什麼樣的行爲模式。

在著手研究哪些行爲預料會出現之前，最好先仔細審視囚徒困境框架能夠涵蓋哪些現實面的特性，以及哪些不適用。幸運的是，框架的單純性使我們得以避免許多會令分析處處受限的限制性假設：

一、參與者的收穫完全無須是可比較的。例如，記者得到的獎勵可能是獲得另一個內幕消息，而配合官僚所獲得的獎勵，則是有機會在有利的氣氛中提出政策主張。

二、收穫當然不必要是對稱的。爲了方便，可以從兩名參與者完全對等的角度看待互動，但這是沒有必要的。例如，我們無須假設相互合作的獎勵，或任何其他三個收穫參數，對兩個參與者具有同樣規模的影響力。如前所述，我們甚至不必認爲它們是以可比較的單位衡量。唯一必須假設的是，對每個參與者，四個收穫要按照囚徒困境的定義按序排列。

三、參與者的收穫不需要用絕對的尺度衡量，僅須衡量彼此的相對值。⑥

四、不需要以外界其他世界想要的角度看待合作。有時候一方參與者是想阻礙、而不是促進合作。企業彼此串通的做法對相關公司有利，但對社會其他成員則沒有這麼好。

事實上，對於合作的參與者而言，大多數的串通型態都是有利的合作例子，但是其他人都不會樂見。所以，有時候，這個理論將反向顯示如何預防，而不是促進合作。

五、沒有必要假設參與者是理性的。他們不必設法使自己的獎勵最大化。他們的策略可能只是反映標準作業程序、經驗法則、直覺本能、習慣或模仿（賽門〔Simon〕，一九五五年；西爾特〔Cyert〕和馬奇〔March〕，一九六三年）。

六、參與者採取的行動甚至不一定是有意識的選擇。一個人有時會回報一個好處，有時不會，也可能沒有想到正在使用什麼策略。一點也不需要假設選擇是經過深思熟慮。⑦

這個框架的範圍廣泛到不僅包括人，也涵蓋大到國家和小到細菌。國家間採取行動，當然可以解讀爲囚徒困境中的選擇，如提高或降低關稅。沒有必要假設這些行動是理性的，或者是一個同一標準的參與者追求一個單一目標的結果。相反地，這些很可能是官僚政治錯綜複雜運作的結果，涉及複雜的資訊處理和不斷變化的政治聯盟（阿利森〔Allison〕，一九七一年）。

同樣的道理，在另一端，生物體不需要大腦也能玩賽局，例如細菌，對所處化學環境中的某些方面，具有高度的反應。因此，它們可以對其他生物體的行爲，做出有差異的反應，而且這些行爲的制約策略（conditional strategies）是可以傳承的。此外，細菌的行爲會影響周圍其他生物的健康，就像其他生物的行爲會影響到細菌的健康。但是，生物的應用最好保留到第五章再講。

目前重點會放在人和組織上頭。因此，各位最好知道，爲了通用性，沒有必要大舉假設人類是多麼深思熟慮、多麼的有見地。也沒有必要如社會生物學家一樣，假設人類行爲的重要面是受基因引導。這裡的研究方法是策略面的，而不是基因面的。

當然，如囚徒困境這種合作問題，其抽象的形式並未考慮到許多讓實際互動之所以獨一無二的重要特點。這一抽象形式遺漏的例子包括了，言語溝通的可能性，對第三方的直接影響，執行所選策略的問題，以及另一方在前一步實際做了什麼的不確定性。第八章會將這些複雜的因素納入基本模型之中。很明顯的，排除在外的有關因素顯然可以無限延伸。當然，明智之士若沒有考慮過這些複雜的因素，不應試圖做出重要的抉擇。分析之中排除這些要素的方式，有助於釐清一些互動上微妙的特性——否則碰到極爲特殊的情況，必須確實做出抉擇時，我們卻迷失於複雜的迷宮之中，難以看出這些特點。

抽象互動的分析有助於促進了解，而箇中原因正是出在現實面的複雜度。

下一章將研究一旦面臨重複囚徒困境，有什麼理想的策略可資運用；並藉此研究探討合作成局的情形。這項研究運用一種新穎的方法——電腦競賽。廣邀賽局理論專家提交他們最喜歡的策略，每個決策規則輪流彼此互相對抗，看看哪一個表現最好。結果令人非常驚訝，最後由最簡單的策略贏得勝利——就是名爲「以牙還牙」（TIT FOR TAT）的策略。以牙還牙程式的策略很簡單，以合作開始，之後視對手前一步的做法以牙還牙。第二輪競賽中，有更多的作品參賽，分別來自業餘愛好者和專業人士，他們都知道第一輪競賽的結果。然而「以牙還牙」程式又再次獲勝！競賽資料的分析透露，成功的決策規則具備四種特性：第一是只要另一方參與者合作，就避免不必要的衝突；第二是只要對方背叛便施以報復；第三是在對方對挑釁有所回應之後予以寬恕；第四是以明確的行爲讓對方可以根據你的行爲模式調適。

競賽結果顯示，只要有適當條件的配合，即便沒有中央權威的影響，在利己主義當道的世界裡，合作的確可以成局。本書第三章裡運用了一項理論方法，說明這些結果的應用範圍有多廣。一連串的命題經過驗證之後，不僅呈現出合作成局所需的條件，而且說明了合作依時間順序的演化過程。以下是概括的論點。個體再度碰上的機率要夠大，這樣目前的互動對未來才有其影響力，合作的演化才能發展下去。如果確實如此，合作之演化可以分爲三個階段。

一、首先，即使在一個無條件背叛的世界裡頭，還是可以啓動合作。如果只有零散、幾乎沒有機會互動的個人嘗試合作，則**無法**成功。但是，只要小群體的個人在互惠的基礎上合作，甚至和彼此只有一小部分的互動，都能讓合作演化下去。

二、這個故事發展到中期時，各種策略經過嘗試之後，基於互惠原則的策略會脫穎而出。

三、發展到最後，合作一旦基於互惠原則建立起來，便可自我保護，免於其他合作程度較低的策略入侵。因此，社會演化的齒輪有了棘輪，不再打滑。

第四和第五章以具體的環境，展示這些結果可以應用得多麼廣泛。第四章主要在探討第一次大戰期間，戰壕之中出現「和平共存」（live and let live）體系這個引人入勝的例子。這場痛苦的戰爭期間，前線士兵常會避免開槍射殺——只要他們的克制可以獲得敵方士兵善意的回應。雙方士兵之所以可以彼此節制，正是因爲壕溝戰的靜態本質，敵對雙方勢均力敵的小部隊會對峙一段頗長的時間。這些敵對小單位的士兵這樣心照不宣的相互合作，實際上違反了上級的命令。仔細審視這個案例之後便可看清，即使在情勢極爲黯淡的情況下，只要合作成局的條件存在，雙方還是會開始合作，而且事實證明這樣的合作是很穩定的。特別是「和平共存」的體系顯示，友誼幾乎不是發展合作的必要條件。在適當的條件下，就算在敵對的雙方之間，基於互惠的合作還是可以成局的。

本書第五章是與演化生物學家威廉・漢密爾頓（William D. Hamilton）共同撰寫的，說明即使沒有遠見，合作也能成局。這一章會告訴讀者，各種生物體系的行爲模式——從細菌乃至於鳥類——都可以合作理論解釋。生物體系裡，即使參與者彼此沒有關聯、甚至無法理解本身的行爲有何後果，照樣可能產生合作。這種合作之所以可以成局，則是因爲遺傳和適者生存的演化機制。一個個體若能獲得其他個體有利的反應，其後代更有可能具備生存的能力，而且更可能延續會引起其他個體有利反應的行爲模式。因此，在適當條件下，在生物世界以互惠爲基礎的合作證明是穩定的。領土性、交配和疾病這些具體的層面都可能應用得到。結論是，達爾文（Charles Darwin）強調個體的利益，事實上，可以用來解釋合作存在於相同物種（甚或不同的物種）的個體之間存。只要有適當的條件，合作可以萌芽、茁壯，並以事實證明合作的堅定。

雖然遠見並非合作演化的必要條件，但是當然有所幫助。因此，第六和第七章將分別對參與者和改革者提供建議。第六章闡述合作理論對身處囚徒困境的參與者有何含義。從參與者的觀點來看，目標是盡可能做最好的選擇，不管另一方參與者做得多好。根據競賽的結果與正式的命題，對個人的選擇提出四個簡單的建議：不要羨慕對方的成功；不要先背叛；既回報合作也回敬背叛；以及不要太聰明。

了解參與者的觀點之後，可以這個基礎，找出該做些什麼，才能促進利己主義者之間合作的發展。因此，第七章採取改革者的奧林匹克（Olympian）角度，讓有意改變互動條件的人，有機會促進合作的成局。在這一章裡面，考慮了多種方法，例如使參與者之間的互動更持久和頻繁，教育參與者互相關懷，以及教育他們了解互惠的價值。這個改革者的角度深入探討各種主題，從官僚機構的力量到吉普賽人的困境，從以牙還牙的道德性到撰寫條約的藝術。

第八章將合作理論的影響力拓展到新的領域。本章顯示不同類型的社會結構會對合作的發展造成什麼樣的影響。例如，人們常以可觀察的特點，如性別、年齡、膚色和服裝風格，與其他人建立聯繫。這些線索可以形成以刻板印象和階級地位爲基礎的社會結構。本章也以聲譽的作用爲例說明社會結構。聲譽的建立和維護可以成爲激烈衝突的主要特色。例如，一九六五年美國政府增兵深入越南戰爭，主要是因爲希望藉由維護其在世界舞台上的聲譽，以免其利益面臨其他的挑戰。這一章也考慮到政府對於維護其在本國公民心中的聲譽的關心。要切實捍衛這樣的聲譽，政府便不能硬要人民接受他們所選的任何標準，而是必須誘導大多數人民遵守。要做到這一點，就需要規則的建立配合，好讓大多數人民覺得遵守法令對他們大多數時候都是有利的。這種方法對於政府的運作具有舉足輕重的重要性；在本章將以工業污染法規和離婚協議的監管爲例說明。

先前的討論重點在於探討，在沒有中央權威的影響之下，怎樣促進利己主義者之間合作的成局；到了最後一章，則是分析當人們確實關心彼此時會怎麼樣，以及在中央權威影響時又會怎麼樣。但基本的方法都是一樣的：研究個人如何基於私利運作，來了解在整個群體之中又會如何。這種方法了解的層面會比單純從觀察單一參與者的角度來得廣泛。我們還能藉此了解在特定環境裡面，要怎樣才能促進互相合作的穩定發展。研究發現之中最具潛力的結果是，具備遠見的參與者如果了解合作理論的事實，可以加速合作之演化。

# 第二篇

# 合作行爲的出現

# 2 脫穎而出的以牙還牙策略

從個人關係乃至於國際關係，可能看得到囚徒困境的情況，有鑑於這樣的普及性，最好備有一套應對良策。然而，前一章的命題表明，沒有一個最好的策略可資運用。最理想的策略有部分取決於對方可能的做法。此外，對方可能怎麼做，同樣有部分又取決於對方期望**你**會怎樣做。

我們可綜合囚徒困境這個領域的研究成果，從中找出擺脫這種糾葛的辦法。幸運的是，在這方面已經有大量的研究報告。

心理學家透過對實驗對象的研究發現，在重複囚徒困境裡面，合作達成的程度及其具體模式取決於各式各樣的要素——賽局環境、每個參與者的屬性，以及雙方之間的關係。由於賽局中的行爲反映了許多重要的人性因素，它已經成爲探討社會心理學問題的一種標準方式，從中非地區西化後受到的影響（伯利恆〔Bethlehem〕，一九七五年），職場導向婦女進取心的存在（或不存在）（貝夫思基〔Baefsky〕和伯傑〔Berger〕，一九七四年），乃至於抽象與具體思維方式的不同結果（耐迪吉〔Nydegger〕，一九七四年）。在過去十五年中，《心理學文摘》（*Psychological Abstracts*）引用的囚徒困境相關論文數以百計。重複囚徒困境已成爲社會心理學的大腸桿菌，幾乎無所不在。

囚徒困境作爲社會過程模型的概念基礎，其重要性不下於它在實驗環境中的運用。理查森（Richardson）軍備競賽模型的互動基礎，基本上就是囚徒困境，競爭國家之間每年在預算之內較勁一次（理查森，一九六〇年；金恩斯〔Zinnes〕，一九七六年，第三三〇—四〇頁）。寡占（即寡頭壟斷市場）競爭也可建構爲囚徒困境的模型（薩繆爾森〔Samuelson〕，一九七三年，第五〇三—五頁）。集體行動產生集體利益中無處不在的問題（ubiquitous problems），也是以眾多參與者的囚徒困境加以分析（哈丁〔G. Hardin〕，一九八二年）。甚至還有人把換票行爲（vote trading）視爲囚徒困境（賴克〔Riker〕和巴倫斯〔Brams〕，一九七三年）。事實上，政治、社會和經濟過程的模型之中，許多發展得最理想的，便是以囚徒困境爲基礎。

此外，探討囚徒困境的文獻還有第三個類型。這一類的研究超出實驗室或現實世界的實證問題，以抽象的賽局分析一些基本策略問題的特點，例如合理性的意義（盧斯〔Luce〕和雷法〔Raiffa〕，一九五七年），會對其他人造成影響的選擇（謝林〔Schelling〕，一九七三年），以及在沒有強迫性之下的合作行爲（泰勒〔Taylor〕，一九七六年）。

但是很可惜，以上介紹的這三類囚徒困境研究對在賽局中如何脫穎而出，都著墨不多。實驗性的文獻沒有太大幫助，因爲這類研究幾乎都是根據首度見到正式競賽之參與者做出的選擇。他們對策略微妙之處的了解必然受限。雖然實驗對象對每天都發生的囚犯困境可能有豐富的經驗，但能力不足以在正式場合裡回想這方面的經驗。有些囚徒困境的應用研究，是針對經濟和政治界經驗豐富的精英於自然環境中的選擇爲例，但是因爲大多數高階互動的步調緩慢，以及情況瞬息萬變難以控制，這方面的證據幫助有限。所有加總起來，以這種方式確定和分析的抉擇不會超過幾十個。最後，這些策略性互動的抽象文獻通常是研究重複囚徒困境的變異，目的是在賽局中引進變化，以消除困境本身，諸如允許相互依存的選擇（霍華德〔Howard〕，一九六六年；拉波波特〔Rapoport〕，一九六七年），或對背叛的行爲加諸後果的負擔（泰德曼〔Tideman〕和圖洛克〔Tullock〕，一九七六年；克拉克〔Clarke〕，一九八〇年）。

我們需要一種新的方法取向，方能加強對重複囚徒困境中如何有效選擇的了解。這種新取向得求諸平常便熟知非零和環境之中的策略有哪些固有可能性的人才。在這種非零和環境裡，參與者的利益有部分一致，有部分會彼此衝突。關於非零和環境，我們得考慮到兩個重要的事實。第一，前一章的命題表明，有效策略不僅取決於特定策略的特點，而且還取決於其他與之互動的策略性質。第二個直接自第一個命題延伸而來。一個有效的策略無論何時，都得將自始發展至今的互動歷史納入考慮。

以電腦競賽研究重複囚徒困境中的有效選擇，則可以滿足這些條件。在電腦競賽裡面，每個參賽者設計一套程式規則，就每一步做出合作或不合作的抉擇。程式之中存有自始至今的賽局歷史，並可根據歷史紀錄做出選擇。如果參賽者主要來自熟悉囚徒困境的族群，他們設定的決策規則，肯定會對上其他同樣熟悉囚徒困境的對手。這種招募參賽者的方式，同樣也確保競賽可以網羅這個領域最尖端的知識。

我想要知道這樣會有什麼樣的結果，於是廣邀專業賽局理論的專家提出作品，參與這樣的一個電腦競賽。競賽採循環賽方式進行，也就是說，每個參賽作品都會配對。按照事先宣布的競賽規則，每個參賽作品也會跟本身以及和一個「隨機程式」（RONDOM）對賽，這個隨機程式隨機合作和背叛的或然率都是一樣的。每場競賽的步數正好二〇〇步。①每一步的收益矩陣和第一章的描述類似。相互合作時，雙方各獲得3分；相互背叛時，雙方各獲得1分。如果一方背叛，而對方合作時，背叛的一方獲得5分，合作的一方獲得0分。

參賽作品即使超過所分配的時間，也不會被取消資格。事實上，整個循環賽重複進行了五次，以便對參賽者雙方的分數取得比較穩定的估計值。整個算起來，總共有十二萬步，做了二十四萬次個別的選擇。

提交的十四個參賽作品來自五個學科：心理學、經濟學、政治科學、數學和社會學。附錄A列出了提交這些作品的參賽者的姓名和背景，也有參賽作品的排名和評分。

這個競賽有個了不起的地方在於，來自不同學科的人士得以共同的形式和語言互動。招募來的參賽者大都發表過一般性賽局理論，尤其是囚徒困境相關文章。

多倫多大學阿納托·拉波波特教授提交的以牙還牙程式贏得了競賽。在所有程式中，這個程式最簡單，但獲得最好的成績！

以牙還牙程式的策略很簡單，以合作開始，之後視對手前一步的做法以牙還牙。在囚徒困境競賽裡面，或許要以這個決策規則最爲知名，也是最熱門的討論話題。這套規則易於理解，而且容易設計程式。眾所周知，這套規則在人類對賽時，會帶動相當程度的合作（歐斯侃普〔Oskamp〕，一九七一年；威爾遜〔W. Wilson〕，一九七一年）。這套規則不易爲人所利用，而且與自身對賽的表現良好。對於電腦競賽參賽作品而言，這些都是吸引人的特質。至於缺點，參賽者都知道，這種策略對於隨機規則太過寬鬆。

此外，大家知道以牙還牙是個強大的競爭對手。在初賽中，以牙還牙取得亞軍，並在一場賽外賽中勇奪第一名。電腦囚徒困境競賽大多數設計程式的參賽者都知道這些事實，因爲他們都有收到描述初步競賽的說明。所以這也難怪，許多人都用過以牙還牙的原則，並嘗試改善。

教人驚訝的事實在於，參賽者提交複雜度較高的程式當中，**沒有任何一個**的表現可比得上以牙還牙這樣原創且單純的程式。

這個結果與電腦棋賽正好相反，電腦棋賽程式需要極高的複雜度。例如，在第二屆世界電腦西洋棋競賽（Second World Computer Chess Championships）中，複雜度最低的程式敬陪末座（詹寧斯〔Jennings〕，一九七八年）。它是由瑞士蘇黎世聯邦理工學院（Eidgenossishe Technische Hochschule of Zurich）的約翰·喬斯（Johann Joss）所提交，他也提出一個程式參與電腦囚徒困境競賽。他的參賽作品是稍經修改的以牙還牙程式。但是，就與其他作品一樣，他的修改版本只會降低以牙還牙決策規則的績效。

分析結果顯示，這套規則相對的成功並非取決於作者的學科，也不是程式的**長度**，而是程式的簡潔性。這是爲什麼呢？

回答這個問題前，讓我先說明數值分數的解讀。在二〇〇步的賽局裡，六〇〇分是衡量績效是否優良一個不錯的基準，即相當於雙方始終相互合作的情況下，參賽者一方可以達到的分數。二〇〇分則是衡量績效是否非常差一個不錯的基準，即相當於雙方絕不合作的情況下，參賽者一方會達到的分數。雖然〇分到一〇〇〇分有其可能性，但大多數的分數會落在二〇〇分至六〇〇分之間。獲勝者——以牙還牙程式——平均每場賽局的分數爲五〇四分。

令人驚訝的是，有個單一特性居然成爲相對高分和相對低分作品之間的分水嶺。這個特性就是**友善**（nice），也就是永遠不會第一個背叛（爲了分析這場競賽之便，我們在此放寬友善規則的定義，包括不會在最後幾步，例如第一九九步之前，第一個背叛的規定）。

前八名的參賽作品（或規則）都是友善的，其他的作品則否。友善規則的得分和不友善規則的得分之間，甚至存有很大的差距。友善的參賽作品在競賽中平均獲得四七二分到五〇四分，而不友善作品之中，即使最好的成績也只得到四〇一分。因此，在這場電腦囚徒困境競賽裡面，不首先背叛，至少在競賽快要結束之前不會先行背叛，這個特質本身就是規則比較成功和比較不成功的分水嶺。

在與其他七個友善規則和自己對賽時，每一個友善規則大約得到六〇〇分。這是因爲當兩個友善規則相遇時，雙方肯定會相互合作，直到競賽快要結束。其實，賽局快要結束之前，戰術略有變動的情況對於整體分數的影響不大。

由於友善規則在與其他友善規則對賽時，得分都在六〇〇分左右，所以這類規則之間的相對排名，主要是看它們和不友善規則對賽的得分。這點是顯而易見的。比較不明顯的是，排名最高的八個規則當中，相對排名大都是取決於其他七個規則中的兩個。這兩個規則是**擁立國王者**，他們本身的表現不是很好，但王位競爭者的排名主要是取決於他們。

擁立國王者的立論基礎當中，最重要的一項原則是「成果最大化」（outcome maximization），這項原則的開發，當初是用來解讀人類受試者在囚徒困境實驗室的**實驗裡面的**舉動（唐寧〔Downing〕，一九七五年）。這個規則，稱爲唐寧（DOWNING），本身就是一個特別有趣的規則。這個決策規則構思頗爲複雜，是一個很值得研究的例子。不同於其他大多數的規則，它的邏輯不是由以牙還牙變化而來。其實相反地，這個規則的基礎是蓄意理解對方，然後再根據這樣的認識，做出長期上能夠產生最佳分數的選擇。這個想法是，如果對方似乎沒有回應，唐寧會以背叛盡可能脫身。在另一方面，如果對方好像有反應，唐寧便會合作。爲判斷對方的反應，唐寧估計對方在本身合作後也會配合的或然率，且估計對方在自己背叛後合作的或然率。唐寧在每一步都會更新這兩個條件或然率的估計值，然後基於已就對方意圖建立正確模型的假設，做出長期能夠產生最佳收益的選擇。如果這兩個條件或然率的值相似，唐寧決定值得背叛，因爲不論合作與否，對方似乎都會不爲所動。相反地，如果對方在唐寧合作（而不是背叛）之後傾向合作，那麼對方似乎有反應，唐寧會盤算在對方有反應的情況下，本身最理想的舉措便是合作。在某些情況下，唐寧甚至會判斷合作和背叛交替的做法才是最理想的策略。

在賽局開始時，唐寧並不知道對方這些條件的或然率。它假定這些或然率的數值都是0.5，但在競賽過程中獲得實際的資訊時，這個估計值就不再納入考量。

這是一個相當複雜的決策規則，但其執行面確實有一個瑕疵。唐寧最初假定對方不會回應，這麼一來，便注定了會在頭兩步時就背叛。頭兩步的背叛行爲會引來許多懲罰唐寧的規則，所以賽局往往一開始就不好。但是這正是唐寧這麼適合作爲擁立國王者的原因。排名第一的以牙還牙和排名第二的泰德曼和齊爾魯茲（TIDEMAN AND CHIERUZZI）的回應方式，都讓唐寧學到合作的報酬可期，背叛則否。其他所有的友善規則遇到唐寧就走下坡。

友善規則在競賽中獲得好成績，主要是因爲它們彼此之間對賽時成績極佳，好到足以大幅拉高彼此的平均分數。只要對方沒有背叛，每一個友善規則一定會繼續合作，直至競賽幾乎結束。但是如果有一個背叛，情況會如何呢？不同規則之下的反應大不相同，而其反應對於本身整體成功的判斷很重要。在這方面，決策規則的**寬容性**可說是一個關鍵性的概念。若以一般的說法來形容，規則的**寬容性**可說是對方背叛後合作的傾向。②

在所有的友善規則中，得分最低的一個，也是最不寬容的，要屬弗里德曼（FRIEDMAN）這個規則。這是一個徹底不寬容的規則，施以永久性的報復。它從不第一個背叛，但一旦對方背叛，甚至只背叛一次而已，弗里德曼自此就會一直背叛。與之相比，冠軍以牙還牙只有一步是不寬容的，也就是在對方背叛的下一步才以牙還牙，但此後完全寬容。懲罰過一次之後，它便會捐棄前嫌。

不友善的規則在競賽中未能獲得好成績，其主要原因之一，在於這類規則大都不夠寬容。有個具體的例子有助於讀者理解。以喬斯（JOSS）為例，這是一個不太光明磊落的規則，它偶爾背叛之後會試圖脫身。這種決策規則是以牙還牙的一種變化型態。就像以牙還牙規則一樣，它在對方背叛之後總是立即背叛。但是在對方合作後，有百分之十的時間它會背叛。因此，它只要有機會便會試圖偶爾利用對方。

這個決策規則似乎是以牙還牙一個相當微幅的變化，但其整體績效其實差得多，箇中原因了解起來很有意思。表一顯示了喬斯和以牙還牙之間賽局的過程紀錄。起初雙方都合作，但在第六步時，喬斯乘機背叛。下一步時喬斯再次合作，但以牙還牙以背叛回

## 表一：喬斯和以牙還牙之間的賽局過程

| | | | | | |
|---|---|---|---|---|---|
| 步 | 1-20 | 11111 | 23232 | 32323 | 23232 |
| 步 | 21-40 | 32324 | 44444 | 44444 | 44444 |
| 步 | 41-60 | 44444 | 44444 | 44444 | 44444 |
| 步 | 61-80 | 44444 | 44444 | 44444 | 44444 |
| 步 | 81-100 | 44444 | 44444 | 44444 | 44444 |
| 步 | 101-120 | 44444 | 44444 | 44444 | 44444 |
| 步 | 121-140 | 44444 | 44444 | 44444 | 44444 |
| 步 | 141-160 | 44444 | 44444 | 44444 | 44444 |
| 步 | 161-180 | 44444 | 44444 | 44444 | 44444 |
| 步 | 181-200 | 44444 | 44444 | 44444 | 44444 |

在這個賽局中的分數：以牙還牙 236；喬斯 241。

說明：1.雙方合作　2.只有以牙還牙合作　3.只有喬斯合作　4.都不合作

應喬斯上一步的背叛。然後喬斯以背叛回應以牙還牙的背叛。結果，喬斯在第六步的單一背叛導致喬斯和以牙還牙之間一來一往的背叛行爲，使得喬斯在以後一系列的偶數步中背叛，以牙還牙在奇數步中背叛。

在第二十五步，喬斯再度選擇乘機背叛。當然，以牙還牙在下一步以背叛回應，於是展開另一回合的相互報復。這一次喬斯是在奇數步背叛，加上以牙還牙在奇數步的反射背叛，導致雙方在剩下的賽局中一直相互背叛。一長串的相互背叛意味著，在剩下的賽局裡雙方每一步都只獲得一分。這個賽局的最後得分是以牙還牙二三六分和喬斯二四一分。請注意，雖然喬斯的分數比以牙還牙好一些，但兩者的表現都很差。③

問題出在喬斯在對方合作之後偶爾背叛，加上雙方缺乏短期寬容。箇中的寓意是，如果雙方像喬斯和以牙還牙那樣彼此報復，喬斯的貪婪就划不來了。

這場競賽有個重要的教訓，在相互角力的環境中，應該盡量減少一來一往報復的反射效果。當一個背叛會引發一連串的報復和反報復時，結果必然是兩敗俱傷。抉擇的複雜分析必須至少往下分析三層，以顧及這些反射效果。第一層是分析選擇的直接影響。這很容易，因爲背叛的收益總是超過合作。第二層則是顧及間接的影響，考慮對方可能會或可能不會施以背叛的懲罰。許多參賽者肯定了解這種層次的分析。但是，第三層分析更爲深入，考慮到報復對方的背叛時，可能重複甚至放大本身之前乘機利用對方的選擇。因此，單一的背叛行爲如果只分析它的直接效果，甚至考慮到它的間接影響，或許算是成功。但眞正的代價可能出在第三層的影響，當自己的一個單一背叛變成無休止的相互報復。許多這類規則都沒有意識到這一點，到頭來其實變成自我懲罰。很多決策規則是以對方作爲延後自我懲罰幾步的一種機制，都沒有考慮到這方面的自我懲罰。

這些決策規則或多或少算是精密，雖然都沒有成功超越以牙還牙的策略，但還是可以輕易找到一些在競賽環境中表現優於以牙還牙的規則。這些規則的存在應作爲一種警告，讓人不要輕信以眼還眼必然是最佳策略。至少有三個規則，如果提交，應該可以贏得競賽。

當初發送給準參賽者說明怎樣參賽的示例程式，要是有人直接剪下寄回，其實就可以贏得競賽！但是沒有人這樣做。這個示例程式只有當對方在前兩步都背叛時才背叛。這是一個比以牙還牙程式更加寬容的版本，因爲它不懲罰單一的背叛行爲。以牙還二牙（TIT FOR TWO TATS）規則卓越的績效，凸顯出一個常見的謬誤，參賽者往往以爲寬容度低於以牙還牙對他們有利，但實際上，更加寬容反而可爲他們帶來更大的好處。這一發現具有驚人的重要性，因爲它顯示就算是策略專家，對於寬容的重要性依然不夠重視。

另一種可望贏得競賽的規則，同樣也是大部分參賽者可以輕易取得的。這就是初賽的得獎作品，當初招募參賽者的報告裡面就有附上。它的名稱是往前看（LOOK AHEAD），它的靈感來自下棋程式中的人工智慧技術。有趣的是，人工智慧技術靈感激發出的規則，居然比任何賽局理論家專爲囚徒困境設計的規則都要來得好。

第三個會贏得這項競賽的規則是稍微修改唐寧。如果唐寧一開始假設對方會做出反應，而不是沒有反應，它也會贏，而且大贏。擁立國王者會變成黃袍加身。唐寧對對方的初步假設是悲觀的，如果轉爲樂觀，不僅更準確，而且也將導致更大的成功。它的排名將是第一，而不是第十。④

這些補充規則的結果，凸顯出分析參賽作品本身的一個主題：參賽作品爲了本身的利益而過於激烈。第一，許多規則在賽局初期沒有受到挑釁就背叛，這個特徵長期下來會付出沉重的代價。第二，任何參賽作品顯示的寬容度距離最佳寬容度都很遠（可能除了唐寧之外）。第三，最與眾不同的參賽作品，唐寧，受到本身對於對方初步反應的悲觀看法誤導而失敗。

分析競賽結果顯示，在彼此角力的環境中，要怎樣應對方面還有很多地方有待學習。即使是政治科學、社會學、經濟學、心理學和數學方面的策略專家，也會犯下系統性的錯誤，爲了私利過於競爭，不夠寬容，而且對於對方反應的看法過於悲觀。

特定策略的有效性不僅要看本身的特質，也取決於互動對方的策略本質。基於這個原因，光看一場競賽的結果不足以定論。所以，接著進行第二輪的競賽。第二輪的結果對囚徒困境中有效選擇的性質，提供了深入洞察更好的根據。理由是，第二輪競賽的參賽作品事先都已獲悉第一輪結果的詳細分析，其中包括了探討在第一輪環境中，補充規則若是參賽爲何會有亮麗的表現。因此，他們不僅了解到第一輪的結果，而且知悉用於分析成功的概念，以及發現的策略陷阱。此外，他們每一個都明白其他人也都知道這些事情。因此，第二輪推測起來，成熟度應該一開始就比第一輪高得多，所以其結果可望爲囚徒困境中的有效選擇，提供更有價值的指引。

在參賽作品規模方面，第二輪也有顯著的改善。反應遠乎預期，有來自六個國家的共六十二件參賽作品。參賽者大都透過小型電腦使用者期刊上的公告招募而來。參與第一輪競賽的賽局理論家也再度應邀參加。參賽者的範圍從十歲的電腦迷，到電腦科學、物理學、經濟學、心理學、數學，社會學、政治科學和演化生物學的教授。參賽者代表的國家包括美國、加拿大、英國、挪威、瑞士和紐西蘭。

第二輪競賽讓參賽者有機會驗證第一輪結果分析發展出來的主題有效性，也讓他們有機會開發出新的概念來解讀成功和失敗。參賽作品也從第一輪競賽的結果獲取經驗。但是，不同的人學到不同的教訓。第二輪競賽特別具有啓發性的是，參賽作品雖然根據的經驗各異，實際上卻彼此互有關聯。

第一輪提交的程式中，以牙還牙是最簡單的程式，而且贏了第一回合。第二輪提交的程式中，它還是最簡單的，然而它還是贏了。即使第二輪所有的參賽者知道以牙還牙已經贏了第一回合，卻沒有人能夠設計出更好的參賽作品。

第二輪競賽所有的參賽作品都知道以牙還牙的決策規則，因爲他們都有前一輪的報告，裡面顯示了到目前爲止以牙還牙是最成功的規則。他們也看過相關論點，闡述以牙還牙應用在人類競賽時，會怎樣引領出相當程度的合作，爲什麼不易爲人濫用，怎樣在初步競賽中有很好的表現，以及如何贏了第一回合。第一輪報告還解釋了一些它成功的原因，特別指出它從不第一個背叛的特性（「善良」〔niceness〕，以及它在對方背叛後的合作傾向（「寬容」〔forgiveness〕，除了一個單一的處罰以外）。

即使競賽規則表明任何人提出任何程式都可以參賽，甚至是由他人授權的作品也可以，但是只有一位參賽者提出以牙還牙。他就是第一輪時也提交以牙還牙的阿納托・拉波波特。

除了消除賽局最後階段的輕微影響，第二輪競賽以第一輪同樣的方式進行。根據已宣布的競賽規則，賽局的長度由或然率決定，每一步結束的機率有0.00346。⑤這相當於設定$w=0.99654$。由於沒有人知道什麼時候是最後一步，在第二輪中成功地避免了賽局的結束效應。

同樣地，參賽者個人屬性與規則的表現都沒有顯著的相關性。教授們的作品的表現都沒有明顯好過其他參賽者的作品，美國人也沒有好過其他國家的人。以撰寫參賽作品的程式語言來說，即使FORTRAN比起最基層微電腦使用的BASIC，通常更有機會取得更豐富的功能，但是使用FORTRAN撰寫的程式，並沒有明顯好過使用BASIC撰寫的程式。附錄A中以成功排名次序列出了參賽者的名稱，以及一些有關他們和他們的程式的資訊。

儘管以牙還牙獲得勝利，平均而言，程式比較短的參賽程式並沒有明顯好於程式比較長的參賽程式。但另一方面，程式比較長的參賽程式（複雜度較高）也沒有任何地方優於程式比較短的參賽程式。

由於參賽作品較多，而且仍採循環賽方式彼此對賽，第二輪競賽之中成功的因素並不容易確定。六十三項規則（包括隨機）配對競賽，合計有三千九百六十九場賽局。附錄A列舉一長串的競賽評分矩陣，也包括了參賽者和他們程式的資訊。合計起來，第二輪競賽進行了超過一百萬步。

和第一輪一樣，善良是有收穫的。第一個背叛的代價通常都相當高。一半以上的規則都是屬於善良的，因此很顯然，大部分參賽者從第一輪得到消息，不值得第一個背叛。

在第二輪競賽裡面，規則善良與否和賽局表現再次出現極大的相關性。排名前十五名的規則中，只有一個規則不是屬於善良的（排名第八）。排名敬陪末座的十五名規則中，只有一個規則是屬於善良的。參賽作品規則是否善良和其賽局分數之間的整體相關性十分顯著，到達.58。

善良規則本身之間的表現，有一個特性可以看出區別，那就是要看它們面對對方的挑戰時，回應速度有多快以及可靠度。一項規則可以被稱爲**報復型的**（retaliatory），如果它在對方「無故的」（uncalled for）背叛後，立即回應一個背叛。但是究竟什麼是「無故的」，無法準確地確定。不過，重點是，除非立即反應來自對方的挑戰，否則對方會愈來愈頻繁地占這種隨和策略的便宜。

在第二輪競賽裡面，有些規則特意以受限數量的背叛，觀察這些行爲可以獲得什麼好處。很大程度上，善良規則的實際排名取決於它們應付這些挑戰是否得宜。在這方面有兩個挑戰特別重要，我分別稱之為「測試者」（TESTER）和「鎮定者」（TRANQUILIZER）。

測試者是由大衛・葛拉斯登（David Gladstein）提交，在競賽中排名四十六。它的設計是尋找軟弱者，但是如果對方表明不受利用，它就會退卻。它的規則頗不尋常，它在第一步就背叛，以測試對方的反應。如果對方以背叛報復，它就以合作道歉，並且在剩下的賽局裡採取以牙還牙策略。否則，它便在第二步和第三步合作，但在之後的賽局裡每隔一步背叛。在利用對方方面，測試者在第一輪的環境中對上補充的規則時，表現相當不錯。例如以牙還二牙，它在對方連續背叛兩次之後才報復。但是測試者從來不會連續背叛兩次。因此，以牙還二牙碰上測試者時，因為它的慷慨而嚴重被利用。請注意，測試者在競賽中的整體表現並不好，但它確實拉低了一些比較隨和的規則的分數。

在這裡再以唐寧（提交者為萊斯利・唐寧〔Leslie Downing〕，以成果最大化為規則）的三個變化版本為例，說明測試者對第一輪表現不錯的一些規則造成的問題。參賽作品中有兩個單獨的唐寧修訂版是基於第一輪看來滿有希望的唐寧，這兩個作品分別來自史坦利・奎爾（Stanley F. Quayle）和萊斯利・唐寧本人。另一個只是稍微修改的版本，來自一個十一歲的年輕參賽者史帝夫・紐曼（Steve Newman）。然而，這三個作品全數都遭測試者利用，因爲經過它們的程式計算，只要對方在己方合作時有正好超過一半的時間合作，最好的辦法是與對方不斷合作。其實，如果它們和以牙還牙及許多其他排名較高的程式一樣，在第二步時立即以背叛回應測試者第一步的背叛，就不致被測試者利用。這會促使測試者的道歉，其後的表現就會好很多了。

鎮定者以更微妙的方式占了許多規則的便宜，因而是一個更微妙的挑戰。它首先尋求與對方建立一種雙贏的合作關係，之後謹慎地嘗試利用對方，觀察能不能避免遭到報復。鎮定者是由克雷格・費澤（Craig Feathers）提交，在競賽中排名二十七。這個規則通常選擇合作，但是如果對方經常背叛，它也準備好背叛。因此，如果對方合作，它在前十二步或二十四步裡面通常傾向合作。之後，它會拋出一個背叛。它以相互合作模式建立的期待爲餌，希望誘使對方寬容自己偶爾的背叛。如果對方繼續合作，它會背叛得更加頻繁。但是只要平均收益至少爲每步2.25分，鎮定者就不會連續兩次背叛，也不會背叛超過四分之一的時間。也就是說，它試圖避免過分依賴運氣。

己方必須做好準備，立即報復來自對方「無故的」背叛，才能妥善應付測試者和鎮定者這類具有挑戰性的規則。因此，儘管善良是有益的，但是適時報復也是值得的。以牙還牙結合這些特質。它是善良的、寬容的，同時也具報復性。它從不第一個背叛；對於一個孤立的背叛，它在回應一個報復後寬容；但是不管雙方到目前爲止互動關係有多好，對方的一個背叛一定會激怒它，立即施以反擊。

由於第二輪參賽者熟悉第一輪競賽的結果，所以第二輪的環境會受到第一輪教訓的影響。第一輪電腦囚徒困境競賽的報告（艾瑟羅德〔Axelrod〕一九八〇年a）總結，善良是值得的，寬容也會有收穫。第二輪的參賽者知道這種寬容的決策規則，例如一牙還二牙和唐寧修訂版，在第一輪的環境裡面會做得比以牙還牙更好。

在第二輪競賽裡面，很多參賽者顯然希望這些結論仍然是相關的。在六十二件參賽作品中，有三十九件是善良的，而且它們幾乎都至少有點寬容。一牙還二牙是由來自英國的一位演化生物學家約翰・梅納德・史密斯（John Maynard Smith）提交。但是它僅排在第二十四名。如前所述，提交作品之中有兩個是唐寧的修訂版。但在第二輪競賽裡面，它的排名卻落在後半部。

第一輪競賽中有兩個不同的教訓，第一種教訓是「要善良和寬容」。第二種教訓則是比較利用型：「如果對方是善良的和寬容的，試圖予以利用可以得利。」自第一輪競賽中分別學到這兩種教訓的人之間，似乎存有一個很有意思的互動關係。在第二輪競賽裡面，學到第一種教訓的人因爲學到第二種教訓的人而吃虧。測試者和鎮定者之類的規則，有效地利用了過於隨和的規則。但是，學到第二種教訓的人本身整體的表現並不十分出色。原因是試圖利用對方的規則最後往往得到懲罰，而且代價大到整個競賽的報酬低於雙方單純合作的報酬。例如，鎮定者和測試者自己在第二輪競賽裡面，只分別取得第二十七名和第四十六名。這兩個規則中的任何一個與其他所有規則的對賽結果，只有不到三分之一優於以牙還牙。試圖運用第二種教訓的參賽作品中，沒有一個名列前茅。

雖然運用第二種教訓往往能使第一種教訓失效，但是從整個競賽來看，試圖占隨和規則便宜的參賽作品當中，沒有一個所得的整體利益可以超過本身蒙受的整體損失。最成功的一些參賽作品往往是以牙還牙的微幅修改版，而其設計主旨在於辨識出看似隨機或非常不合作的對手，並予以放棄。但是，這類修改過的規則整體表現並不如純粹的以牙還牙。因此，以牙還牙能夠因應幾乎每一個規則，就如同第一輪競賽一樣，它在第二七一年‧,道金斯〔Dawkins〕，一九七六年，第一九七—二〇二頁‧,梅納德‧史密斯〔Maynard Smith〕，一九七八年）。想像一下，有許多單一物種的動物，彼此互動相當頻繁。假設互動採取囚徒困境的形式，當兩個動物對上，他們可以彼此合作，或不合作，或者其中之一可能利用另一方。進一步假設每個動物可以識別他已經互動過的每個動物，能記住互動的特殊層面，例如對方通常是否合作。接著可以一輪競賽，模擬這種動物的單一世代，每個決策規則都有大量的個體使用。以上的解讀立刻凸顯出這樣的含義，任何單一動物可能和決策規則與自己相同的另外一方互動，正如它可能遇上決策規則與自己不同的對方。

這種類比的價值在於允許模擬後代的競賽。而箇中考量在於，比較成功的作品在下一輪競賽比較有可能提交，而不太成功的作品將不太可能再次提交。說得更精確一些，我們可說某一參賽作品的複製版本（或衍生出來的後續版本）數量，將與它的競賽得分成正比。我們只要解讀一個個體的平均收益，就可以預期其後代數量的比重。例如，如果一個規則在初賽裡面的得分兩倍於另一規則，那麼下一場競賽裡面，使用此規則的參賽作品將兩倍於另一規則。⑥因此，假使隨機規則的重要性在第二代的時候降低，那麼以牙還牙和其他排名較高的規則將會更具代表性。

對人類來說，得分不高的規則在未來不太可能出現，這其中有幾個不同的原因。一種可能性是，參賽者隨著時間的推移，會嘗試不同的策略，然後堅守效果似乎最好的一個。另一種可能性是，使用一種規則的人看到其他一些策略更成功，因此切換到其中的一個策略。還有一種可能性，位居關鍵職位的個人，如國會議員或業務經理，如果遵循的策略並不十分成功，就會遭到撤換。因此，人類透過對事務的學習、模仿和選擇，進而產生一個過程，讓比較不成功的策略日後不太可能再度現身。

這個模擬囚徒困境競賽的過程實際上非常直接。競賽矩陣對每個策略與其他策略交手的結果評分。從特定世代裡面每個類型所占的比重開始，只需計算下一代各類將會存在的比重。⑦策略的表現愈好，就會具有愈高的代表性。

研究結果提供了一個有趣的故事。第一件發生的事情是，到第五代時，排名最低的十一件參賽作品的規模下降到初始的一半，而中間排名的參賽作品的規模不變，以及一流的參賽作品的規模緩慢增長。到第五十代時，排名在後面三分之一的規則基本上已經消失了，而大多數中間三分之一的規則的規模已經開始萎縮，前面三分之一的規則的規

圖二：模擬生態成功的決策規則

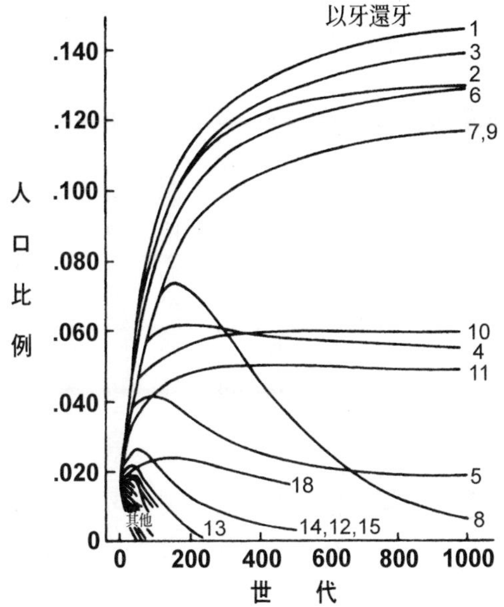


模繼續增長（見圖二）。

　　這個過程模擬適者生存的現象。在現有人口分布裡面平均比較成功的規則，開始，在下一代裡面將比平均比較不成功的規則占有更大的比例，一個對上各種規則都頗爲成功的規則的數量會激增，但是後來在比較不成功的規則消失之後，需要與其他成功的規則相比時，得有良好的績效才能繼續成功。

　　因爲沒有引介新的行爲規則，這個模擬提供了一個生態的角度。它不同於演化的角度，演化的角度允許藉由突變引入新的策略。在生態角度看，規則類型的分布有了變化。不太成功的規則變得不那麼普遍，成功的規則數量擴增。隨著時間進展，每一代類型的統計分布逐漸變化，這種變化改變了每個個別類型的互動環境。

起初，比較差的程式和比較好的程式的比例相當。但隨著時間推移，比較差的程式開始退出，比較好的程式開始興旺。倘若成功來自與其他成功的規則的互動，則成功的規則將孕育更多的成功。如果在另一方面，決策規則的成功在於它能夠利用對方的規則，之後當這些被利用的規則逝去，因爲被利用的基礎消失，利用對方者也面臨同樣的命運。

一個很好的生態滅絕例子由哈靈頓（HARRINGTON）提供，第二輪競賽裡面，它是排名前十五名中唯一不善良的規則。在兩百代左右之前的生態競賽裡面，以牙還牙和另一個成功的善良參賽作品的人口百分比增加，哈靈頓的人口百分比也是增加。這是因爲哈靈頓的利用策略。到第二百代左右時，情況開始出現轉變。不太成功的參賽作品逐漸滅絕，這意味著哈靈頓的獵物愈來愈少。不久，哈靈頓無法跟上成功的善良規則，到第一千代時，哈靈頓也像被它捕食的可利用的規則一樣，跟著滅絕了。

生態分析表明，只有在遇上表現不好的規則時才能得到高分，最終勢必自我毀滅。

不善良在開始時看起來可能有前途，但長遠來說，會毀滅自己賴以成功的環境。

研究結果也提供了以牙還牙又一次的勝利。開始時以牙還牙只是稍微領先，在之後的模擬世代裡也從未喪失領先地位。到第一千代時，它已經是最成功的規則，而且仍然以超過任何其他規則的速度繼續增長。

以牙還牙的整體紀錄非常出色。總的來說，在第二輪競賽裡面，六十二件參賽作品中，以牙還牙獲得的平均分數最高。在假設的六場競賽裡面，它在五場中取得最高分。這些假設的競賽是爲了放大第二輪中不同類型的規則的影響而構建。在第六場假設競賽裡面，它排在第二位。最後，以牙還牙從未在未來後代的模擬競賽中失去它的領先地位。加上它在第一輪競賽的勝利，以及它在實驗室中與人類對象競賽的不俗表現，以牙還牙顯然是一個非常成功的策略。

命題1說，沒有一個絕對的最佳規則能夠獨立於環境之外。以牙還牙實證的成功經驗，以及它在各式各樣環境裡的優秀表現，讓我們可以說它是一個非常強健的規則。它的成功一部分可能是因爲，其他規則預期它的存在，而且設計成與它交手時能有不錯的成績。要想與以牙還牙相處得好，必須與它合作，而這又有助於以牙還牙。即使是像測試者這類尋求占便宜的規則，遇上以牙還牙時，也迅速道歉。任何試圖利用以牙還牙的規則，只會傷害自己。以牙還牙之所以能夠受惠於不爲人所利用的特質，因爲它符合三項條件：

一、遇到以牙還牙的可能性十分顯著。

二、一旦遇上，很容易識別以牙還牙。

三、一旦確認，很容易感受到以牙還牙的不可利用性。

因此，以牙還牙因本身的**清晰度**而受惠。

另一方面，以牙還牙也對利用其他規則的可能性視而不見。這種利用的手段有時候確實成效豐碩，但是在各式各樣的環境裡面，企圖利用別人會造成多方面的問題。首先，如果抱持僥倖的心理背叛某個規則，看能不能蒙混過關，要是碰到的是會被激怒的規則，那麼便有遭到報復的風險。其次，一旦相互報復成立，很難抽身。以及最後，試圖確定無反應的規則（如隨機規則或過於不合作的規則）和放棄與這些規則合作的機會，往往錯誤導致放棄與其他比較耐心的規則（如以牙還牙）合作的機會。能夠利用可利用的規則而無需付出太高的代價，是第二輪的競賽裡面沒有任何參賽作品能夠圓滿完成的任務。

以牙還牙的成功之所以具有強健性，原因在於它的善良、報復、寬容和明確清晰的組合。它的善良避免陷入不必要的麻煩的困境。它的報復嚇阻對方在任何時間堅持嘗試背叛。它的寬容有助於恢復相互合作。它的清晰度讓對方容易理解自己，從而促進長期的合作。

# 3 合作演化的進程

上一章的競賽方法探討當個人可從繁多的策略中擇一，與許多其他參賽者互動時會產生什麼情形。結果顯示以牙還牙很明確地成功。此外，運用生態分析模擬未來的競賽則指出，以牙還牙將繼續蓬勃成長，而且有朝一日可能爲幾乎每一個人所用。

那之後會怎樣呢？假設大家到頭來都採用同樣的策略。有沒有任何理由會促使某人使用別的策略，還是說普遍的策略仍然是大家共同的選擇呢？

演化生物學家約翰・梅納德・史密斯針對這個問題已經發展了一個非常實用的方法（一九七四與一九七八）。這種方法假想一種情形，全體人口中每個個體都使用一個策略，但是有個突變個體使用不同的策略。如果突變個體可比典型人口得到更高的回報，便可說這個突變策略入侵人口。換句話說，可以想像整個人口使用一種單一策略，而一個使用新策略的個體進入這個人口。新來者只與使用本地策略的個體互動。此外，由於個別新來者在人口中微不足道，使用本地策略的個體幾乎肯定會與另一個使用本地策略的個體互動。因此我們說新的策略入侵本地策略，如果新來者與本地個體互動獲得的分數，超過本地個體與另一個本地個體互動的分數。由於整個人口幾乎是本地個體，入侵的概念形同單一突變個體的表現更甚於人口的平均水準。這直接引出演化方法的關鍵概念。一個策略如果沒有任何策略可以入侵，便可說是集體穩定的（collectively stable）。①

這種方法的生物動機是基於適者報酬（適者生存和後代的數量）的解讀。所有的突變都是有可能的，而且如果任何突變可能入侵某一特定人口，這種突變應該就會有機會這樣做。有鑑於此，由於集體穩定的策略為全體所採用，所以也唯有這種策略才能維繫本身的長期均衡。第五章將會就生物應用進行討論，但現在要談的是，集體穩定的策略很重要，因為這是唯一能讓全體人口不論面對任何可能的突變，都能長期屹立不搖的規則。

應用集體穩定的動機到分析人的行為，是要了解，當群體面對任何可能的策略方案時，哪些策略能夠維繫下去。如果確實存有一個成功的策略方案，那麼「突變的」(mutant)個體可透過有意識的思考，或通過試誤，或純粹靠運氣來發現。如果每個個體都採用特定的策略，而另外有一個策略的績效優於目前人口環境中的表現，那麼肯定遲早會爲人所發現。因此，唯有不受侵擾的策略，方能確保本身爲全體所用。

這個集體穩定的策略定義有一點值得注意，這個定義假設：試圖採用新策略的個體彼此之間並沒有太多的互動。②誠如稍後進一步顯示的，如果他們確實是以群聚的型態互動，便有可能出現極爲重要的嶄新發展。

集體穩定性這個概念應用於重複囚徒困境時，有個難題在於難以確定哪些策略確實是集體穩定，哪些則否。其他人面對這個問題時，會對策略特別簡單的情況限制其分析，或只考慮某些獨斷設限的策略組合，以處理這一難題。③現在問題已經得到解決，對重複囚徒困境所有集體穩定的策略進行特性描述已有可能。附錄B中列舉相關的特性描述。

就目前的目的來看，這樣一般化尚無必要。只要針對特定策略，看看在什麼條件下能抵抗任何其他策略的入侵，就已足夠。以牙還牙是一個可以探討的好策略。以牙還牙第一步以合作開始，之後視對手前一步的做法以牙還牙。因此，一個使用以牙還牙的人口的參賽者將相互合作，在每一步裡雙方各獲$R$值。如果另一個策略要入侵這個人口，期望值就必須更高才行。面對採用以牙還牙策略的對手時，什麼樣的策略有可能獲得比這更好的收穫？

首先要說的是，這一策略必須在某個時點背叛，因爲否則就會和其他人一樣，在每一步都獲得$R$。當它最先背叛時，將得到最高的回報——誘惑$T$。但是之後以牙還牙將背叛。因此，只要賽局長度足以讓報復抵消背叛的誘惑，以牙還牙便可避免遭到這種規則的入侵。事實上，如果折扣參數$w$夠大，沒有規則可以入侵以牙還牙。

在此以只能記憶一步的以牙還牙策略來做說明是最理想的。因此，合作和背叛不論排序，只要效果最爲理想，挑戰者就可以一再故技重施以獲取最大的利益。由於屬於短期記憶，所以一再故技重施的序列無需超過兩步。因此，最有效的挑戰者將是重複利用序列ＤＣ（也就是秉持總是背叛〔ALL D〕的原則）或ＤＤ（背叛背叛）。如果這兩個策略都無法入侵以牙還牙，那麼沒有策略可以，也就意味著以牙還牙是集體穩定的。

這兩種潛在的挑戰者在第一步獲得的收穫都超過$R$，但在第二步卻不如$R$。因此，他們適合未來的重要性不及現在的環境。但是，如果 $w$ 夠大，總是背叛策略和D與C的交替策略都無法入侵以牙還牙。如果這兩個策略無法入侵以牙還牙，那就沒有其他策略可以。這導出了第二個命題。證明見附錄B。

**命題2**。若且唯若（if and only if）$w$ 夠大，那麼以牙還牙是集體穩定的。$w$ 的臨界值是 $T$、$R$、$P$ 和 $S$ 這四個回報參數的函數。④

這一命題的意義是，如果人口中的每個個體都在與其他人合作（因爲每個個體使用的是以牙還牙策略），只要未來對現在有足夠影響力，沒有人可以使用任何其他的策略**獲得**更好的成績。換句話說，使以牙還牙無法被入侵的是，折扣參數 $w$ 相對於以四個回報參數取決的條件夠高。例如，假設 $T=5$、$R=3$、$P=1$ 和 $S=0$，如圖一回報矩陣所示。則，如果下一步的重要性至少有現在這一步的⅔，以牙還牙便是集體穩定的。在這種情況下，如果其他人使用以牙還牙，你除了使用相同的策略（與他們合作）之外，沒有更好的選擇。另一方面，如果 $w$ 低於這個臨界值，而其他人使用以牙還牙，那就值得每隔一步採用背叛策略。如果 $w$ 小於½，那麼就連總是背叛的策略都是值得的。

這裡有個具體的含義在於，如果對方因爲明顯的弱點，不太可能繼續存在，那麼，

$w$的感知價值便會下降，以牙還牙的互惠就不再穩定。凱撒（Caesar）這樣解釋龐培（Pompey）的盟友不再與之合作的原因：「他們認爲他（龐培）的前景無望，並依常規——逆境中友人也會變成敵人——行事」（一九六〇年華納〔Warner〕所譯，第三二八頁）。

企業瀕臨破產邊緣的情況也是個很好的例子，公司在這時把應收帳款賣給外界稱爲代辦商（factor）的業者。出售價格會有相當可觀的折扣，因爲——

> 製造商一旦開始一蹶不振，即使最優質的客户也會開始拒絕爲商品付款，宣稱品質有瑕疵、不符合規格、交貨緩慢之類各式各樣的理由。延續關係的期望——也就是相信會繼續和客户或供應商生意的期望——是商業界推動道德的重大力量，當公司陷入頹勢時，便會喪失這個自動推手，即使再強的力量介入，也無法找到替代者。（邁爾〔Mayer〕，一九七四年，第二八〇頁）

同樣的，國會之中任何被認爲下屆可能落選的議員，在推動立法工作時，在跟同僚平日的信任和良好信譽基礎上，說不定也會面臨一些困難。⑤

還有很多例子充分彰顯爲穩定合作而長期互動的重要性。在穩定的小城鎮或族裔社區裡面，互惠的規範比較容易維繫。相反地，大學教職員對待訪問教授的態度和待遇，可能會比對他們平日一般的同僚來得差。

第一次大戰期間壕溝戰持續性的互動，也爲合作的發展提供一個十分有趣的例子。戰爭進行得如火如荼之際，敵對的前線士兵之間發展出被稱爲「和平共存系統」（live-and-let-live system）的合作關係。接到命令時，部隊會互相攻擊，但是在大型戰事之間，每一方都刻意避免對敵方造成更大的傷害——只要對方提供善意回應。這一策略並不一定是以牙還牙，有時候是以一牙還二牙。有位英國軍官在回憶錄中提到當初接管法國新戰區的情況，便是如此。

> 法國軍方對於安靜的戰區採取「莫惹是非」（let sleeping dogs lie）的做法……只有當對方挑釁時才明確反擊。在一處我們自法方接下的戰區，他們向我解釋說其實有個慣例，敵人也十分理解：對方每開一槍，他們會回兩槍，但從來不先開火。（凱利

〈Kelly〉，一九三〇年，第一八頁）

這種默契合作的做法並不合乎法令的規範——但卻十分普遍。幾年來，儘管戰事激烈，而且將軍們盡最大的努力推行持續衝突的政策，這套系統還是發展出來並持續茁壯。這個故事充分彰顯了下一章重點討論的細節。

就算不進一步探討壕溝戰的情節，兩報一策略（two-for-one）仍舊確實表明了，人們得當心別對純粹以牙還牙策略的狹義焦點妄下結論。關於以牙還牙的命題說，若且唯若未來的互動夠重要，那它就是集體穩定的，適用的範圍到底有多廣呢？下一個命題說，這個結果確實是很一般，而且實際上只要是可能首先合作的策略都可以應用。

**命題3**。只有當 $w$ 夠大，任何可能是首先合作的策略才可能是集體穩定的。

原因是，一個策略要能是集體穩定的，必須在任何挑戰者入侵時保護自己，總是背叛的策略也包括在內。如果本地策略總是合作，總是背叛（ALL D）在那一步會獲得 $T$。另一方面，本地人之間的人口每步平均將不再能大於 $R$。因此，爲了使人口平均分數不致低於總是背叛（ALL D）的挑戰者，互動時間必須夠長，足以在未來的步數裡抵消誘惑

（$T$）的獲益。這是問題的核心，但正式的證明請見附錄B。

以牙還牙和兩報一策略都是**善良的**（nice）決策規則，因爲它們從不第一個背叛。在抵抗入侵方面，善良的規則的優勢在於，它在策略屬於單一類型的人口之中獲得最高分。這是因爲它會與其他使用同樣策略的對手在每一步之中共同合作。

以牙還牙和兩報一策略也具備其他的共通點。他們在對手背叛之後都採取報復手段。這一觀察進而引出一個一般性的原則，任何願意合作的集體穩定的策略，必須設法令試圖利用它的挑戰者無利可圖。這個一般原則是，善良的規則在對方第一次背叛時就得**被激怒**，這意味著在稍後的某步裡，策略必須具備有限的機會回應它本身的背叛。⑥

**命題4**。一個善良的策略要能是集體穩定的，它必須被對方的第一個背叛激怒。

原因很簡單。如果一個善良的策略並沒有被第n步的背叛激怒，便不會是集體穩定的，因爲它可能被只有在第n步背叛的規則入侵。

最後這兩個命題表明，一個善良的規則可以是集體穩定的，如果未來對現在的影響夠大，而且規則本身是可以激怒的。但是有一個策略**始終**是集體穩定的，無論折扣參數$w$的值爲何，或者回報參數$T$、$R$、$P$和$S$的值爲何。這個規則是無論什麼情形總是背叛。

**命題5**。總是背叛始終是集體穩定的。

如果其他參賽者肯定會背叛，你永遠合作就沒有意義了。使用總是背叛的人口在每一步裡都將分別得到$P$。如果沒有人會合作，表現就不可能超過這個水準。畢竟，任何合作的選擇只會產生笨蛋的回報（$S$），未來也根本沒有機會獲得補償。

這個命題對合作的演化有重要的含義。假設有個體系形成之初的組成個體不受合作的引誘，總是背叛的集體穩定性意味著，沒有任何一個個體的表現可望超過不合作的表現。一個「壞蛋」（meanies）的世界可以抵禦任何人用任何其他策略入侵——前提是新來者是一個一個的來。當然，這個問題是，在這種卑鄙的世界中，沒有人會對一個單一新來者的合作予以回報。然而，如果新來者是成群來到，便有機會開始合作。

要了解這種情況可能怎樣發生，在此以一個簡單的數字例子與圖一的回報矩陣爲例。這個例子設定利用的誘惑$T=5$，相互合作的獎勵在$R=3$，相互背叛的懲罰在$P=1$，和笨蛋的回報在$S=0$。此外，假設兩名參賽者會再次遇上的或然率爲$w=.9$。然後在一個使用總是背叛的壞蛋人口，每人在每一個回合獲得的回報將是$P$，累積分數爲10分。

現在假設幾名參賽者使用以牙還牙。當一個以牙還牙與一個總是背叛互動時，以牙還牙在第一步被利用，然後將不會再與壞蛋合作。這將導致以牙還牙在第一步獲得0，並在接下來的每一步裡都獲得1，累積的分數爲9。⑦這個成績有點低於壞蛋彼此得到的10分。但是，如果一個以牙還牙與另一個以牙還牙互動，他們從一開始便互相合作，每一步都得到3分，累積的分數爲30。這個分數遠遠優於壞蛋彼此得到的10分。

現在，如果以牙還牙新來者在整個人口的比例微不足道，壞蛋將幾乎總是與其他壞蛋互動和只獲得10分。因此，如果以牙還牙參賽者可以彼此互動，他們就能取得比這10分較高的平均分數。與回報合作的參賽者遇上時，他們有足夠的機會可以獲得30分，而不是與不回報合作的參賽者遇上時的9分。以牙還牙獲得的總平均將是多少呢？如果一個以牙還牙與其他以牙還牙互動的比例爲$p$，則可能與壞蛋互動的比例爲$1-p$。因此，它的平均分數是$30p+9(1-p)$。如果這個分數是10分以上，就值得使用以牙還牙策略，而不是同流合汙做個壞蛋。即使以牙還牙的人與其他以牙還牙的對手互動只占所有互動的百分之五，這個道理依然不變。⑧因此，即使一小群以牙還牙的人進入壞蛋的人口，也能在眾多的壞蛋人口中得到較高的平均分數。由於以牙還牙的人彼此遇上時能有這麼好的成績，所以不需要經常遇上，也能顯示他們策略的優勢。

這樣，一群採取以牙還牙策略的人可以輕易入侵壞蛋的世界。爲了說明這一點，假設一個商業學校老師教導班上學生，在加入的公司要主動展開合作行爲，並且回報其他公司的合作。如果學生確實這樣做，而且如果不至於分散得太廣（以便互動之中有相當比例是與其他同類成員的互動），學生們便會發現，他們的經驗得到了回報。在剛剛討論過的數字例子中，一家採取以牙還牙策略的公司，和其他公司只需要有百分之五的合作互動，就會很慶幸他們給了合作機會。

當持續互動期較長或時間折扣係數沒這麼大時，群集的規模就算比較小，也能發揮效果。用 $w$ 說明反映再次遇上的機會，假設賽局的長度中等，爲二〇〇步（相當於 $w=.99654$）。在這種情況下，就算以牙還牙與志同道合的追隨者的互動，只占所有互動的千分之一，還是足以入侵總是背叛策略的世界。即使比賽長度只有兩步（$w=.5$），以牙還牙者與志同道合追隨者的互動超過五分之一時，就足夠成功入侵，合作就能成局。

這種群集入侵的概念可以精確地定義和適用於任何策略。假設一個人口中，幾乎每個個體都在使用某個本地策略，而一小群使用另外一種新策略的個體來臨，他們與其他新來者互動，也與原有的本地個體互動。採用新策略的人與其他使用新策略的人互動比例爲$p$。假設新來者相對於本地者的比例十分小，本地者的互動幾乎發生在本地者與另一個本地者之間。新來者的平均分數等於他與另一新來者互動時的得分和他與一個本地者互動時的得分的加權平均。權數是這兩項活動的頻率，即$p$和$1-p$。另一方面，因爲新來者如此稀少，本地者的平均分數幾乎等於本地者與另一本地者互動時得到的分數。這樣推理之下，如果新來者和其他新來者的互動得分高，而且新來者與他人互動的頻率夠高，那麼新來者群集便可入侵本地者。⑨

注意，這個推論假設配對的互動不是隨機的。用隨機配對，新來者很少會遇上另一新來者。相反的，集群概念視新來者在本地者的環境中是微不足道的部分，但是在新來者自己的環境中不是微不足道的。

接下來的結果顯示，哪種策略以最少的群集入侵總是背叛會最有成效。這些策略和總是背叛策略的分別鮮明。一種策略是**最大限度區分的**（maximally discriminating），這是指即使對方從未合作，到頭來還是會配合，且一旦合作，對象將再也不是總是背叛者，永遠將會與其他策略相同者配合。

**命題6**。以牙還牙之類最大限度區分的策略，可以最小$p$值群體入侵總是背叛的策略。

以牙還牙顯然是最大限度區分的策略。它從第一步就合作，但是一旦與總是背叛合作，將再也不會有下次。另一方面，它與另一以牙還牙者將有持續不斷的合作。因此，以牙還牙非常善於區別自己的孿生和總是背叛，這個屬性允許它以最小的可能的群集，入侵壞蛋的世界。

儘管群集顯示一種機制，可在壞蛋的世界啓動合作，但有個問題也隨之而起，當以牙還牙策略一旦站穩腳步時，情勢是否會發生逆轉。事實上，幸好在此有個驚人的不對稱性。要明白爲什麼，請回想善良的策略的定義，如以牙還牙，它永遠不第一個背叛。顯然，當兩個善良的策略互動時，他們雙方在每一步都獲得$R$，這是一個個體與其他使用同樣策略的個體互動時，可以得到的最高平均分數。這點引出了以下的命題。

**命題7**。如果一個善良的策略不可能被單一個體入侵，那也不會被任何由個體組成的群集入侵。

群集所採策略的分數是由兩部分組成的加權平均：它與其他同類互動時的分數以及

它與主要策略互動時的分數。這些組成都小於或等於主要的善良的策略得分。因此，如果主要的善良的策略不能被單一個體入侵，那麼也不爲群集所侵。

這個結論意味著，善良的規則並沒有總是背叛顯示的結構性弱點。總是背叛可以抵禦任何入侵的策略，只要對手是一次只來一個。但是，如果他們群集進來（甚至相當小群），總是背叛便可能遭到入侵。善良規則的情況就不同了。如果一個善良的規則可以抵禦個體一次一個的入侵，那就可以抵禦群集入侵，無論規模多麼大。因此，善良的規則可以用壞蛋辦不到的方式保護自己。

這些結果結合起來，呈現合作的演化時間進程。在參議會的例子中，命題5表明，若無群集（或類似機制），便無法克服原來相互「背叛」（treachery）的模式。這些關鍵性初期群集的基礎，或許是傑弗遜（Jefferson）時代新首都一塊住在寄宿公寓的小代表團體（楊〔Young〕，一九六六年）。要不然，州代表團和州黨代表團或許更爲關鍵（博格〔Bogue〕和馬內爾〔Marlaire〕，一九七五年）。命題7表明，一旦合作，互惠的基礎已經形成，即使群集而來的新進者不尊重參議院這樣的慣例，還是能保持穩定。而且現在互惠的模式已經建立，命題2和3表明，它是集體穩定的，只要兩年期周轉率並不大。

因此，即使在一個無條件背叛的世界，合作還是可以成局。如果只有零星、沒有機會彼此互動的個體試圖展開合作，合作就無法順利發展。但是一小群區別分明的個體只要彼此有互動（即使比重微不足道也可以），就可能形成合作。此外，如果善良的策略（那些從不首先背叛的策略）逐漸被幾乎每個個體接納，之後這些個體可以慷慨地對待任何其他個體。藉由彼此友善對待，採善良規則的人口便可以任何策略善加保護自己，免於任何其他策略的群集入侵，效果不輸他們保護自己不受單一個體的入侵。但是善良的策略必須是可以被激怒的，其群集的力量才能維持穩定。因此，在沒有中央控制的利己主義者世界中，依靠互惠的個體群集方能互相合作。

要了解如何廣泛應用這些結果，在未來的兩章將探討合作演化的實際案例。第一個案例是戰爭時期儘管參戰者之間對抗激烈，合作仍能發展。第二個案例涉及生物系統中，低等動物無法理解它們的選擇會有何後果。這些案例表明，當條件成熟，即使沒有友誼或遠見，也可以演化發展出合作。

# 第三篇
# 沒有友誼與遠見的合作

# 4 第一次世界大戰戰壕中的和平共存系統

合作有時會在最意想不到的情況下成局。第一次世界大戰期間，西方戰線戰況慘烈，敵對雙方經常爲了幾公尺的領土廝殺。但在這些戰事之間，沿著法國和比利時八百公里的戰線，甚至在其他地方，敵對雙方的士兵往往相當克制。一名英國軍官在巡視準備接手的戰壕時，

> 十分驚訝，他觀察到德國士兵竟然在步槍射擊範圍內走動，而我們的人似乎不加理會。他私下下定決心破除這種惡習，接手時，不應該允許這種事情發生。這些人顯然不把戰爭放在心上，雙方明顯相信「和平共存」的政策。（達格代爾〔Dugdale〕，

一九三二年，第九四頁）

這不是一個特例。壕溝戰的和平共存系統相當普遍。儘管高級軍官盡了最大努力制止，戰事激烈使得群情激憤，也不論殺人或被殺的軍事邏輯，指揮官不費吹灰之力，便可打壓當地協商直接停火協議的努力，這個現象仍然普遍存在。

這是一個儘管各方之間嚴重對立，合作依然成局的例子。因此，它對前三章發展的觀念和理論的應用構成了一個挑戰。特別是，將主要目標利用理論來解釋：

一、和平共存系統是如何開始的？

二、它是如何維持的？

三、這套系統爲什麼到戰爭近尾聲時瓦解？

四、爲什麼它是第一次世界大戰中壕溝戰的特色，但其他戰爭則鮮少出現？

第二個目標是透過這個歷史案例，建議怎樣進一步闡述原有的觀念和理論。

幸運的是，最近探討和平共存系統的研究報告問世。這份跟書一樣厚的傑出研究，出自英國社會學家湯尼・阿什沃思（Tony Ashworth，一九八〇年），根據戰壕戰士的日記、書信和回憶錄寫成。素材幾乎涵蓋英國的五十七個師，平均每個師都有超過三個來源。在比較小程度上，這些材料也徵詢過法國士兵和德國士兵的意見。結果寫成一套非常豐富的研究報告，以高超的分析技巧，爲第一次世界大戰西線（Western Front）壕溝戰的發展和特色，提供了周詳的說明。本章內容多處引用阿什沃思卓越作品中鮮活的說明，及其對歷史的解讀。

雖然阿什沃思並沒有這樣說，但西線平靜戰區裡的局勢發展歷史其實就是重複囚徒的困境。在任一特定地區，雙方人馬可能是彼此敵對的小型部隊。在任何時候，他們都有開槍射殺或故意發射以免造成傷害的選擇。對於雙方而言，削弱敵人的力量是一大重要價值，因爲當重大戰鬥的命令下達戰區時，它會促進己方的生存。因此，在短期內，最好是現在就傷害敵人，不管對方是否還擊。這確立了相互背叛優於單方面的克制（$P>S$），以及對方單方面的克制優於相互合作（$T>R$）。此外，由於相互懲罰意味著都獲益不多或沒有相對增益，兩個地方部隊比較喜歡相互克制的報酬（$R>P$）。把這些合在一起，確立了一套基本的不等式 $T>R>P>S$。此外，雙方對相互克制的偏好會甚於隨機交替嚴重駁火，使 $R>(T+S)/2$。因此，這種小部隊之間相互對峙的戰區情況，便符合囚徒困境的條件。

在這種具有潛在致命性的囚徒困境之中，交手雙方便是相隔一百至四百公尺無人地帶（no-man's land）彼此對望的兩小隊人馬。一般來說，基本單位可以是營，約由一千人組成，隨時都有一半的人馬駐守在前線。在步兵的生活中，營扮演很大的角色。它不僅組織成員作戰，而且還供應餐食，支付薪水，提供衣物，以及安排他們的假期。營裡所有的軍官和大多數士兵彼此認識。對於我們來說，有兩個關鍵性的因素使得營成爲最典型的賽局參與者。一方面，營的規模夠大，對於來自其領土的攻擊行動可以「負責」（held accountable）。另一方面，它也夠小，能夠透過多種途徑（正規和非正規的），控制它的成員的個人行爲。

一方的一個營可能面對敵方來自一個、兩個或三個營的部分人馬。因此，每個參與者可以同時參與多個互動。在整個西線前線，會有數百個這種對峙。

這些囚徒困境只有小部隊參與。雙方的指揮官都不認同一般士兵這樣的觀點：

前線一些區段戰況沉寂的眞正原因是，雙方都沒有任何在這一特定地區推進的意圖……如果英國炮轟德國人，德國人會回擊，損害是相等的：如果德國轟炸一個英國前進戰壕並擊斃五名英國人，英國人會以炮擊回應打死五名德國人。（貝爾頓·科布〔Belton Cobb〕，一九一六年，第七四頁）

對軍隊總部而言，重要的是發展部隊的攻擊性。協約國特別推行一項消耗戰略，雙方損失相當對盟軍而言爲淨收益，因爲德國的實力遲早會先耗盡。因此，在國家層次，第一次世界大戰近似零和賽局，一方的損失代表另一方的獲利。但在地方層次，在前線戰區，雙方對於彼此克制的偏好則更甚於相互懲罰。

在當地，兩難局面繼續存在：在任何時候射殺都是明智的選擇，無論對方做或不做。壕溝戰之所以有別於大多數其他作戰型態，在於敵對的小部隊在不動的戰區對峙了很長的時間。這改變了賽局，從一步（one-move）囚徒困境（以背叛爲主要的選擇），轉變成一個重複囚徒困境（在這種困境裡面，有條件的策略是有可能的）。結果與理論的預測一致：如果互動持續，穩定的結果可能會是基於互惠的相互合作。特別是，雙方都遵循不會首先叛變的策略，但如果一方叛變，會激怒對方。

在進一步探討合作的穩定性之前，讓我們先看合作如何開始。第一階段的戰爭始於一九一四年八月，戰線的推移極爲快速且非常血腥。但是當戰線穩定下來，在前線許多地方，軍隊之間的互不侵犯自發成局。最早的實例可能與用餐時間有關，雙方在同一時間在雙方的無人地帶用餐。早在一九一四年十一月，有位部隊已在戰壕駐紮一段時日的士官觀察到：

> 軍需官習慣在每天晚上天黑後帶來口糧，把它們分送給前線下來的士兵。我假設敵人這時候也是忙於用餐，無心戀戰。這種情形持續了幾個晚上，雙方在配給作業上都不再小心，因爲如此，有些士兵在回途中笑著談論返回自己的駐點。（《步兵知道的戰爭》〔*The War the Infantry Knew*〕，一九三八年，第九二頁）

到聖誕節前，友善氣氛更爲濃郁，總部對這種行爲當然厭惡。在接下來的幾個月，有時大聲呼叫或傳遞信號便可直接安排停戰。一名目擊者指出：

上午八時到九時這一段時間被視爲神聖的「私人事務」（private business）時間，某些地方甚至以一個旗幟表示雙方狙擊手界限外的區域（摩根〔Morgan〕，一九一六年，第二七〇—七一頁）

但是直接停戰可以輕易打壓。軍令明確指出：「法國軍人的職責在戰鬥，而不是與敵人親善」（《第五營喀麥隆》〔*Fifth Battalion the Camaronians*〕，一九三六年，第二八頁）。更重要的是，有幾個士兵被軍法審判，且全營受到懲罰。沒有多久，大家都看出口頭上的安排很容易被軍方高層禁止，於是這種安排變得十分罕見。

另一種相互克制的做法始於天氣惡劣的期間。當雨下得夠大的話，幾乎不可能進行重大的攻擊行動。天候狀況特殊期間，雙方軍隊經常出現停戰狀態，根本不射擊對方。當天氣好轉，相互克制模式有時仍然延續。

因此，口頭協議在戰爭初期許多時候是有效展開合作的方式，但是直接親善很容易受到壓制。長期上有各種方法可以更有效地協調雙方的行動，而不必訴諸文字。一個關鍵因素是，如果認識到一方行使某一種克制，那麼另一方可能回報。基本需要和活動的相似性，讓士兵們明白，對方可能不會採取無條件背叛的策略。例如，在一九一五年夏天，有名士兵看到，敵方出於對獲取新鮮糧食的渴望，很可能會以合作回報互惠：

> 炮擊敵人戰壕背後的通路，可以輕易造成遍地傷亡和血跡，因爲這些通道滿是運送口糧和水的推車……但整體上那個區域平靜無事。畢竟，如果你阻止敵人運送糧食，他們的補救辦法很簡單：他們也會阻止你們運送糧食。（黑伊〔Hay〕，一九一六年，第二二四—二二五頁）。

以互惠爲基礎的策略一旦展開，便可透過各種不同的方式傳播。某些時段的克制行爲可以延長下去。某種特定種類的克制可能促使他們嘗試其他種類的克制行動。最重要的是，前線某個小戰區的發展可能爲鄰近的部隊戰區所模仿。

展開合作固然重要，讓合作得以維繫下去的條件同樣也不可或缺。相互合作得以維繫的策略都是可激怒的策略。在相互克制期間，敵對士兵煞費苦心讓對方知道，他們確實有能力在必要時採取報復行動。例如，德國狙擊手瞄準木屋牆壁上的斑點連番射擊，射到牆壁破了大洞才住手，就是要對英方展現其威力（《步兵知道的戰爭》〔*The War the Infantry Knew*〕，一九三八年，第九八頁）。同樣地，炮兵通常也會對準目標發射，目的是讓對方知道，他們只要想造成更大的傷害，便有能力這麼做。這些展現報復能力的威嚇行動有助於維繫這套系統，顯示克制不是因爲軟弱，而背叛勢將弄巧成拙。

當背叛確實發生時，報復的威力往往會超過以牙還牙的水準。當對手的行爲超出雙方認爲可以接受的程度時，以二牙還一牙或以三牙還一牙是通常的反應。

> 我們晚上走出戰壕前面時……德方士兵也正走出來，因此這時射擊對方不被認爲是合乎成規的。眞正厲害的是槍榴彈……要是丟進壕溝，死亡人數會多達八、九人……但我們從來不使用它們對付德國人，除非他們特別挑釁，因爲在他們的報復系統，我們每發一槍，他們就回擊三槍。（格林韋爾〔Greenwell〕，一九七二年，第一六一一七頁）

雙方可能存有一種固有的抑制機制，通常有助於避免這些報復行動演變爲無法控制的互相反擊。一方挑起行動之後，可能會發現到對方的反應愈來愈激烈，於是會避免出現加倍或三倍的反應。當情勢不再升溫，就可能會趨於消退。由於雙方不是每顆子彈、槍榴彈或炮彈都眞的瞄準目標發射，所以內部會有一種降低衝突的傾向。

另一個保持穩定合作需要克服的問題是部隊駐地輪換。大約每八天，一個營將與其他駐紮在其後方的一個營交換駐地。部隊的規模愈大，改變駐地的間隔時間就愈長。即將離開的部隊會和新遷入的部隊交接，這樣的過渡時期可讓合作維持穩定。這時候原來的士兵會向新遷入的士兵解釋與敵方特定默契的細節。但有時候老傢伙對新來者光這樣說就夠了：「博世先生不是一個壞傢伙。你別惹他，他也不會來惹你」（吉隆〔Gillon n.d.〕，第七七頁）。這種社會化的過程讓部隊接手其他部隊留下的賽局。

維護合作穩定還有一個問題。相較於步兵，炮兵比較不會受到敵方攻擊報復。有鑑於這個事實，炮兵參與和平共存系統的機會比較小。因此，步兵對於炮兵的前進觀察員往往特別當心。就如一位德國炮兵這樣形容步兵：「如果他們有多餘的美食，就會送我們一份，部分原因當然是因爲他們覺得我們是在保護他們」（蘇爾茲貝區〔Sulzbach〕，一九七三年，第七一頁）。其實步兵的目的是促使炮兵尊重他們不要惹事生非的意願。新進的炮兵前進觀察員常碰到步兵這樣要求，「你可別滋生事端。」最好的回答是：「除非你想要的話。」（阿什沃思，〔Ashworth〕一九八〇年，第一六九頁）這反映了炮兵在與敵人維繫相互克制方面扮演的雙重角色：在不被激怒時處於被動，但在敵人破壞和平時會立即報復。

英國、法國和德國的軍隊指揮官都希望制止這樣的停戰默契，他們都擔心這種默契會耗損軍人的士氣，他們也都認爲整個戰爭期間，不斷進攻的政策是獲勝的唯一途徑。總部可以直接監視他們發動的幾乎任何命令，幾乎少有例外。因此，總部能夠發動大規模戰役，命令士兵離開自己的戰壕，冒著生命危險攻擊敵軍陣地。但是在大規模戰役之間，他們無法監視命令的執行以繼續施壓。①畢竟，高級軍官很難確定誰在認眞射殺敵軍，誰在有所保留，避免報復。士兵們成爲戰勝監視系統的專家，小部隊會保留一卷敵軍的電話線，每當總部要求證明他們巡邏了無人地帶，就送交一小段混充。

最後摧毀和平共存系統的是不斷推進攻擊的制度，這是總部**可以**監測的。這是精心策劃的行動，襲擊敵方戰壕，這些戰壕的人數從十人到兩百人不等。襲擊部隊獲令殺敵或在敵方自己的戰壕捕獲戰俘。如果襲擊行動成功，將有俘虜證明；如果失敗了，傷亡將證明一切。沒有有效的方法可以假裝已經進行襲擊。襲擊敵方時，並無有效的合作方式可與敵方交換俘虜與屍體。

和平共存系統無法應付數百個小規模襲擊行動造成的干擾。襲擊後，雙方都無法預期未來會發生什麼。襲擊的一方，可以預期對方的報復，但無法預測何時、何地或如何。遭到襲擊的一方也緊張，不知道這次襲擊是一次孤立的攻擊或是一系列攻擊行動中的開端。此外，由於總部可以下令襲擊和監視，也可以控制報復行動的規模，避免這整個過程受到任何的牽制。部隊不得不對敵方發動眞正的攻擊，敵軍也全力反擊，雙方交火，一發不可收拾。

諷刺的是，當英國最高統帥部採取襲擊政策時，最初目標不是爲了終結和平共存系統，而是有其政治目的，向法國盟友顯示他們已經盡力打擊敵人。襲擊的直接效應是他們的形象，藉由恢復進攻精神，提振了自己部隊的士氣，而且通過襲擊，造成敵軍比己方襲擊部隊更多的耗損。這些士氣和傷亡率的效應是否確實達到效果，至今仍有許多爭議。回顧起來，襲擊的間接影響顯然是摧毀西線廣泛流行的克制默契，破壞了默契穩定性需要的條件。最高統帥雖然沒有認知到這個影響，但是透過防止各營士兵自行採取基於互惠的合作策略，實際上終結了和平共存系統。

襲擊行動的導入，讓和平共存系統的演化週期劃下句點。在地方層級的小型營隊透過探索行動，爲合作找到了立足點，由於小部隊和敵方之間的對峙會持續一段時間，所以合作能夠自我維持。到最後由於這些小部隊失去掌控行動的自由，合作因此受到破壞。營隊之類的小部隊用自己的策略面對敵軍。自發性的合作始於各種不同的背景環境之中，如在敵人分配口糧時自制不發動攻擊，第一次在戰壕過聖誕期間暫停攻擊，和在惡劣天氣後遲遲不發動戰鬥，令持續作戰變得幾乎不可能。這些克制行動迅速演變爲雙方彼此都明白的明確行爲模式，例如對不可接受的行爲會採取以二牙還一牙或以三牙還一牙的報復。這些策略的機制演化，必然是經過不斷地試探和模仿周遭部隊而形成的。

這些機制的演化，既不是盲目的突變，也不是適者生存。不像盲目突變，士兵們了解他們所處的情況，並積極試圖充分運用。他們了解其行爲的間接影響，體現了我所稱的回響原則（echo principle）：「爲對方提供不適，只是以一種迂迴的方式提供給自己」（索律〔Sorley〕，一九一九年，第二八三頁）。這些策略是根據思考和經驗。士兵們了解到，要與他們的敵人保持相互克制，克制的基礎必須在於展現實力和若遭挑釁會被激怒的意願。他們也了解到，合作必須建立在互惠之上。因此，策略的演化是基於深思熟慮，而不是盲目的適應。演化也不涉及適者生存。雖然無效的策略將意味著部隊更多的傷亡，但更換策略通常意味著部隊自己能夠生存下去。

壕溝戰和平共存系統的起源、維護和摧毀，都符合合作演化的理論。此外，在這個和平共存系統裡面，有兩個非常有趣的理論發展。這些新發展出來的理論是有關倫理和形式的崛起。

有名英國軍官回憶有一次面對德方撒克遜（Saxon）部隊的經驗，這起事件便可說明發展出來的倫理：

> 我正在與連隊軍官喝茶時，聽到外頭許多人怒吼的騷動聲，出去一看，發現我們的人和德軍各站在自己的戰壕牆邊。突然，一陣炮彈連續射過來，但沒有造成傷亡。很自然地雙方都趴下，我們的人開始咒罵德國人，突然間一位勇敢的德國人站起來高喊：「我們很遺憾，希望沒有人受傷。這不是我們的錯，那是該死的普魯士炮兵。」「（魯特爾〔Rutter〕，一九三四年，第二九頁）

這位撒克遜士兵的道歉不光是純粹努力避免遭到報復而已。而是反映了道德上的歉意，因爲違反了互信的情況，而且也表明擔心有人會受到傷害。

相互克制的合作交流，實際上改變了互動的本質。它們傾向使雙方彼此關心對方的福祉。這種變化可以用囚徒困境的說法解釋，持續的相互合作經驗改變了參賽者的回報，使雙方合作的價值更勝於以往。

反之亦然。當突襲的命令造成相互合作模式惡化時，會引發強大的倫理報復。這個倫理不光是冷靜地遵循互惠策略，同時似乎也關係到當同志倒下時，該怎樣才能適切且以符合倫理的方式履行義務。而且報復會誘發報復，因此，合作和叛變都會自我強化。這些相互行爲模式的自我強化，不僅是指互動策略而言，敵對雙方怎樣看待結果的影響也是如此。抽象而言，這裡的重點在於不光是偏好會影響行爲和結果，行爲和結果也會對偏好造成影響。

另外還有一個有關壕溝戰案例的理論，那就是形式的發展。這些形式包括了敷衍地使用小型武器，以及故意無害地使用大炮。例如，德國人在一處進行「他們的攻擊行動，所採的戰略是巧妙融合持續發射和故意射偏，此舉雖滿足了普魯士人的使命，但並不會

> 是一成不變，範圍十分準確，永遠不會更改方向或超出或低於標記……快要七點的時候，甚至有些好奇的傢伙爬出來……觀看爆破的景觀。（科彭〔Koppen〕，一九三一年，第一三五—三七頁）

這些敷衍的形式和例行性的射擊行動傳遞出雙重的訊息。對指揮高層而言，這些是攻擊行動，但是對敵人而言，這卻是和平的訊息。這些人假裝執行攻擊政策，但實際上卻不是。阿什沃思自己的解釋是，這些裝模作樣的行爲不光是爲了避免敵軍報復而已。

> 在壕溝戰，形式化的攻擊行動在結構上形同一種儀式，敵軍有規則地定期參與，相互放射炸彈、子彈之類的武器，這些行動象徵且強化（隨著時間的推移）雙方惺惺相惜的情緒，以及認爲敵方同樣也是受苦同袍的信念。（阿什沃思〔Ashworth〕，一九八〇年，第一四四頁）

因此，這些形式有助於強化道德制裁，進而加強和平共存系統的演化基礎。

和平共存系統在第一次世界大戰慘痛的壕溝戰局中成形，證明了以互惠爲基礎的合作一開始幾乎不需要友誼。只要有適當的情況配合，合作甚至能夠在敵對的雙方之間發展出來。

在戰壕中的士兵們做到了一件事，他們相當清楚地理解互惠之於維繫合作扮演的角色。下一章將以生物的例子說明，這種參與者的理解對於合作的成局和穩定並非全然必要。

# 5 生物系統中合作之演化（與威廉・漢密爾頓合著）

在前面的幾章裡，我們引用演化生物學的幾個概念，以助分析人與人之間合作的成局。在這一章中，則正好反過來。我們要將賴以了解人類行為的理論和發現，應用來分析生物演化之合作。這項研究有個重要的結論：合作的演化不一定需要先見之明（foresight）。

生物演化的理論基礎在於爲了生命奮鬥和適者生存。但合作在同一物種之間十分常見，甚至在不同物種之間也可見到。大約在一九六〇年之前，演化過程學說大都忽略合作現象，認爲不必特別注意。這種忽略是對理論的誤解，以爲適應淘汰（adaptation to selection）僅限於人類或整體物種的層次。有鑑於此，人們一直以爲合作具有適應性

(adaptive)。不過，最近對於演化過程的研究顯示，將物競天擇限於整體物種的層次並沒有充分的立論基礎。其實正好相反，在物種或人類的層次，物競天擇的過程其實很弱。反倒是達爾文理論原本對於個體性的強調（individualistic emphasis）比較站得住腳。①

爲了說明合作明顯存在與有關的群體行爲，例如在競爭裡面的利他主義（altruism）和克制（restraint），演化論論述的範疇近年來進一步延伸。廣義來說，這兩種擴張的論述是遺傳親緣關係理論（genetical kinship theory）和互惠理論（reciprocity theory）。大多數最近的研究活動，無論在實地研究或理論派的進一步發展，都放在親緣關係這一面。所採的正式方法各不相同，但愈來愈多親緣關係理論採用自然淘汰基因觀點（a gene's-eye view of natural selection）（道金斯〔Dawkins〕，一九七六年）。對於基因而言，眞正重要的其實不是其會死亡的載體，而是其他相關個體上潛在永垂不朽的複製基因組合。如果參與者的關係夠密切，利他主義對於複製組合是有益的，縱使個別的利他者因此而犧牲也在所不惜。根據這一理論的預測，利他主義幾乎在所有明確的例子和大多數可觀察到的合作——除了出現在人類物種上的情況之外——都發生在具有高度相關性的環境，通常是在直接親緣成員之間。工蜂以尾螫攻擊入侵者後死亡的演化，可視爲這類理論的典例（漢密爾頓〔Hamilton〕，一九七二年）。②

親緣關係低或是甚至不存在的情況下，也可見合作的例子（雖然最終幾乎從來不會自我犧牲）。互利共生（Mutually advantageous symbioses）是其中顯明的案例，如：眞菌和藻類組成地衣；螞蟻和洋槐，樹木提供螞蟻居處和食物，螞蟻反過來保護樹木（簡森〔Janzen〕，一九六六年）；無花果黃蜂和無花果樹的關係也是如此，無花果樹讓黃蜂寄生於果實之內，作爲授粉和結子的唯一手段（威必士〔Wiebes〕，一九七六年；簡森〔Janzen〕，一九七九年）。在這種共生關係中，合作過程通常是順利的，但是有時候，夥伴之間可能自發或因特別對待誘發而產生對立跡象（科勒里〔Caullery〕，一九五二年）。③雖然共生也可能涉及親緣關係，這將在後面討論，但共生主要說明了演化理論最近衍生出的另一種論述——互惠理論。

自從特里弗斯（Trivers）（一九七一年）發表先驅性的論述之後，生物學家並未對合作本身多加關注；但對合作的相關議題——對於衝突局勢中的克制——則發展出理論論述。在這一方面，有個新的概念已發展成形——演化穩定策略（evolutionarily stable strategy）（梅納德・史密斯〔Maynard Smith〕與普萊士〔Price〕，一九七三年；梅納德・史密斯〔Maynard Smith〕與帕克〔Parker〕，一九七六年；道金斯〔Dawkins〕，一九七六年；帕克〔Parker〕，一九七八年）。在比較常態的狀況下，合作的論述一直籠罩在某些特定的難題之下，特別是先前反社會狀態要發展出合作的開端（埃爾斯特〔Elster〕，一九七九年），和一旦建立後維繫合作的穩定。正式的合作理論愈來愈有迫切的需要。個體主義（individualism）強調的焦點轉到頻繁欺騙（cheating）的輕易程度。這種欺騙使得即使互利共生的穩定性，甚至比昔日認爲物種爲了利益而調適的觀點，更要受到質疑。在此同時，過去在親緣關係理論領域呈現堅定合作的其他案例，現在開始顯示參與者關係不夠密切，不足以期望基於親緣關係的利他主義。這個論述適用於鳥類合作性的繁殖行爲（艾姆蘭〔Emlen〕，一九七八年；斯泰西〔Stacey〕，一九七九年），也適用於靈長目動物類更廣泛的合作行爲（哈考特〔Harcourt〕，一九七八年；帕克〔Parker〕，一九七八年；朗漢〔Wrangham〕，一九七九年）。無論合作的出現是欺騙的，還是大都出於穩定的互惠——其實都是部分出於利他主義，和部分親緣的欺騙行爲。然而，之前的論述雖然援引互惠，但不夠重視其條件的嚴謹（利根〔Ligon〕與利根〔Ligon〕，一九七八年）。

本章對生物學學說的貢獻可從三個層面觀之：

一、這套模型以或然率處理兩個個體再次互動的可能性，這種做法在生物學的領域是一大新意。像是老化和地域性之類的特定生物過程得以受到重視。

二、合作演化的分析不但考慮到策略最後的穩定性（stability），也顧及非合作個體主導的環境中策略初期的存活性（viability），以及在多樣化的環境中，當其他組成分子採取的策略多少有些精密複雜的時候，合作策略的穩健性（robustness）。與以往的方法相比，這種方法對合作演化的整體次序（chronology）有更加豐富的理解。

三、這些論述可以應用的範圍還包括微生物層次的行爲互動。進而延伸的一些推論性論述，可解釋許多疾病的慢性和急性階段，以及說明唐氏症之類的基因缺陷。

生物在尋求利益的過程中，各合作群體可得的利益是不成比例的。雖然「好處」(benefits)和「尋求」(sought)這兩個詞代表的意義有相當大的差異，但這說法（確實沒錯）卻奠定了所有社交生活的基礎。問題是個體雖然可以受益於相互合作，但每個個體卻能從利用他人的合作當中獲得更大的利益。在經過一段時間之後，兩個相同個體可能會再次互動，使互動策略模式變得複雜。就如前面幾章所說的，囚徒困境讓這類情況之中既有的策略變成可能。④

單次交鋒的背叛行爲除了可作爲賽局理論的解決方案之外，也是生物演化的解決方案。⑤通過突變和自然淘汰，這是必然的演化趨勢的結果：如果回報是適者生存，以及一對個體的互動是隨機**和不重複的**，那麼不論是任何人口，其遺傳性的混合策略都會演化爲所有個體都會背叛的狀態。此外，如果整個人口都採用這個策略，那麼沒有任何一個不同的突變策略會有更好的表現。當參賽者將永遠不會再見面時，背叛策略是唯一的穩定策略。

在許多生物環境，相同兩個個體狹路相逢的次數可能不止一次。如果一個個體能夠辨識之前的互動，並且記得之前互動結果的某些層面，那麼策略形勢會變成重複囚徒困境，可能性也變得豐富得多。策略得以根據到目前爲止的互動歷史，判斷當前這一步合作或背叛的可能性。但是，正如之前所說，如果兩個個體之間的互動**數目已知**背叛仍是演化上穩定的，而且是唯一的穩定策略。原因是，在最後一次互動時，背叛對雙方都將是最好的策略，因此在最後一次互動之前的那一次互動也是如此，以此類推一直到第一次互動都是如此。

第一章之中發展的模型是基於比較符合現實的假設，即互動數並非預先固定。而是假設在當前的互動之後，兩個相同的個體將有 $w$ 的或然率會再次遇上。⑥舉凡像平均壽命、相對活動性和個體健康的生物要素，都會影響這個 $w$ 值的或然率。對於任何 $w$ 值，無條件的背叛策略（總是背叛〔ALL D〕）始終是穩定的；如果人人都使用這種策略，就沒有任何突變的策略能夠成功入侵這個人口。

以正式的說法來陳述，如果人口之中，個體採用的策略不會爲罕見突變的相異策略所侵，那麼這個策略在演化上便具有穩定性。⑦演化上穩定的策略或許有許多。事實上，第一章中的命題1顯示，當 $w$ 值夠大時，不論在人口中其他個體的行爲爲何，都不會有任何單一最理想的策略。光是因爲沒有任何單一最好的策略，並不代表分析是沒有希望的。其實正好相反，第二章和第三章說明，策略的穩定性不但是可以分析的，而且還可以分析它的穩健性和初期存活性。

令人驚訝的是，這個賽局理論在生物界可以應用的領域極爲廣泛。首先，生物體無需大腦也能運用策略。例如，細菌在㈠細菌對環境中某些要素反應強烈的地方，特別是其化學環境，具備參與賽局的基本能力，㈡這意味著它們的反應會不同於周圍其他生物體；㈢這些行為的制約策略一定能夠傳承；而且㈣細菌的行為會影響周圍其他生物的適應力（fitness），就像周圍其他生物的行為會影響細菌的適應力一樣。最近的證據顯示，即使病毒也能夠運用制約的策略（普塔什尼〔Ptashne〕，約翰遜〔Johnson〕與帕博〔Pabo〕，一九八二年）。

這些策略雖然可以輕易將生物回應環境之中近期變化的差異，或是長期下來累積的平均值，納入考量，可是在其他領域其反應的範疇卻很有限。細菌無法「記住」(remember)或「解讀」(interpret)過去一系列複雜的變化，它們可能也不能辨別不利或有利變化的不同來源。例如，有些細菌自行產生抗生素，稱為細菌素。對生產菌株的細菌，這些菌株是無害的，但是對於其他的細菌卻具有毀滅性。細菌可根據環境中感應到的敵意輕易自行產生細菌素，但其產生的毒素卻可能無法針對挑釁者。

隨著生物神經複雜度的演化階梯拾梯而上，賽局競賽的行為愈來愈豐富。靈長類動物憑著智慧，包括人類在內，得以改善相關行為，像是記憶更加複雜，資訊處理能力也更為複雜，得以判別截至目前為止的互動情形是攸關下一步行動的要素，對同一個體未來再度交手的或然率也可以估計得比較準確，而且辨識不同個體的能力也會更高。這種識人的能力或許是各項能力之中最重要的一種，因爲有了這樣的能力，個體才能處理與其他個體的互動，無須一視同仁，從而對合作者予以報酬，和對另一方的背叛施予懲罰。

重複囚徒困境模型的應用乍看之下或許處處受限，但實際上並非如此。重複囚徒困境模型不但適用於兩個細菌之間或兩個靈長類動物之間的互動，也適用於細菌和其寄生體之間的互動，例如作爲宿主的靈長類。應用於生物環境時，並無雙方回報需旗鼓相當的前提。基於各方滿足第一章對囚徒困境不平等的定義，分析結果便可應用。

這個模型假設雙方同時做出選擇，以及時間間隔是離散的。對於大多數的分析，這等於一段時間之內連續互動，各步之間的時間長度，相當於一方行爲和另一方反應之間的最短時間。雖然模型視雙方的選擇爲同時進行，但若將其視爲有先後順序的，幾乎也沒有什麼差別。⑧

談到理論的發展，合作演化的概念可從這三個不同的問題來看：

一、**穩健性**（robustness）。在多樣化的環境中，面臨各種或多或少都很精密的策略之下，什麼類型的策略才能穩健發展？

二、**穩定性**（stability）。這樣的策略一旦完全建立之後，在什麼樣的條件下方能抵禦突變策略的入侵？

三、**初期存活性**（initial viability）。即使策略是穩健和穩定的，置身於大環境主要都不合作的情況下，怎樣才能立足？

在第二章描述的電腦競賽顯示，以合作互惠爲基礎的以牙還牙策略具有高度的穩健性。這個簡單的策略連莊贏得了兩輪的競賽，在第二回合競賽六個變化賽中更贏得五場。生態分析發現，不太成功的規則會逐漸被取代，以牙還牙的表現和最初一樣，結果依然很好。由此可見，基於互惠的合作策略在多樣的環境中可以蓬勃發展。

一旦全體人口都採納某個策略，演化穩定性的問題便在能否抵禦突變策略的入侵。第三章的數學結果顯示，若且唯若互動個體再度相逢的或然率夠大，以牙還牙策略方具演化穩定性。

以牙還牙並不是唯一的演化穩定的策略。事實上，無論繼續互動的或然率是什麼，總是背叛都是演化穩定的。這就隨之衍生出這個問題，邁向合作行爲的演化趨勢怎樣才能開展。

基因親緣關係理論爲總是背叛的均衡狀態提出一個很棒的出口。參與者之間的密切關係，讓眞正的利他主義得以成形：爲了他人的利益，犧牲本身個體的適存能力。當基因對於相關個體利他的代價、效益和親緣密切度能夠產生淨收益時，在這樣的條件下，能發展出眞正的利他主義（費雪〔Fisher〕，一九三〇年；霍爾丹〔Haldane〕，一九五五年；漢密爾頓〔Hamilton〕，一九六三年）。單步囚徒困境（single-move Prisoner's Dilemma）之中，沒有任何背叛行爲算是利他的一種（個體放棄可能可得的收益）；所以如果雙方的關係夠密切，便可演化出這種行爲（漢密爾頓〔Hamilton〕，一九七一年；韋德〔Wade〕與布列登〔Breden〕，一九八〇年）。實際上，收益的重新計算可根據一方部分收穫來自另一方利益的情形（即以所謂整體適合性〔inclusive fitness〕的方式淸算回報）。這種重新計算之下，$T>R$ 和 $P>S$ 這些不等式得以消失，讓合作變爲無條件地受到青睞。因此，密切相關的群體或許能夠收穫類似囚徒困境的合作利益。就成對的參與者來說，父母及其子女或兄弟姐妹之間特別有希望，事實上，這類組合已有許多已知的合作和壓抑自私的例子存在。

合作基因一旦存在之後，配合環境情勢以合作為基礎的行為會在天擇的壓力下脫穎而出（特里弗斯〔Trivers〕，一九七一年）。有些因素必然會導致潛在參與者之間關係的密切程度不夠明確，例如混雜的父性（亞歷山大〔R. D. Alexander〕，一九七四年）和群體邊界定義不明確的情形。只要密切度的相關性提高，並據此判斷是否合作的行為，這種體認絕對可以改善整體適合性。一旦做出合作的選擇，相關性的線索就只是合作互惠的事實。在對方做出負面的回應時，無論相關性低還是存疑，將行為調整為比較自私的方向都會是有利的。這樣一來，便有能力根據另外一方的行為來判斷己方該採取什麼行為，而且合作行為可以一路蔓延到相關性愈來愈低的情況。最後，當兩個個體再次遇上的或然率夠高時，基於互惠的合作，可以在沒有完全關聯的人口之中蓬勃成長，並具備演化的穩定性。

鱸魚產卵關係便是符合這種情境的一個合作案例，至少是首見的相關證據（費歇爾〔Fischer〕，一九八〇年；利氏〔Leigh〕，一九七七年）。這些魚同時具備雄雌性的生殖器官。它們會成雙成對，輪流當高投資夥伴（產卵）和低投資夥伴（提供精子使卵受精）。

逢，以回報先前的合作行爲。這固然是合作開展的機制，可是也跟著產生一個問題：一旦以牙還牙之類的策略確實底定，還有沒有情勢逆轉的可能性。其實第三章的命題7指出，這裡有個不對稱的情形很有意思：社會演化的齒輪之中有棘輪的存在。

根據這項分析，可以得到演化的順序。原本的狀態乃總是背叛，而且是演化穩定的。但是，基於互惠的合作可以通過兩種不同的機制立足。首先，突變策略之間可能有親緣關係，使突變基因在彼此的成功中占有一席之地，從而由基因的角度，而不是個體的角度，改變互動的回報。另外一個可以克服總是背叛的機制，即群集之中出現突變策略，即便採取這些策略的成員和採取總是背叛者互動的比例微乎其微，但他們彼此之間的互動比例卻是不容小覷。然後，如第二章對競賽方法的描述，一旦有不同的策略存在，以牙還牙是其中極爲穩健的。它在各式各樣的環境中表現都極爲優異，在生態模擬的環境中，各種決策規則或多或少都非常精密，以牙還牙策略可以逐漸取代其他策略。而且如果兩個個體之間將繼續互動的或然率夠大，那麼以牙還牙本身是演化穩定的。此外，因爲它可以抵禦整個突變策略群集的入侵，其穩定性特別有保障。因此，即便在不合作策略居上風的世界裡頭，互惠合作策略還是可以開展，並在多樣性的環境內蓬勃發展，而且一旦確實底定，還可以自我保衛免於入侵。

這種方法之於生物界各種具體應用，係根據以下這兩種合作演化的條件。基本上，個體的背叛行爲絕對沒有僥倖脫逃的可能性，對方必能有效地報復。背叛的個體無法消失於無名的大海之中。高等生物體的辨識能力良好，可以避免這樣的問題，但比較低等的生物體則得仰賴各種機制，而這些機制會大幅度限制它們可以有效互動的不同個體或宿主數量。另外一個有效報復的重要條件在於，相同兩個個體再次互動的或然率 $w$ 必須夠高。

當一個生物體無法識別之前與它有過互動的個體時，則可採取替代性的機制，確保其所有互動都是和相同的參與者。這可以靠著與對方持續保持接觸達成。這種方法適用於大多數的互利共生者，即不同物種的成員之間有互惠的密切關係。例子包括寄居蟹和海葵的夥伴關係，蟬和寄居的各種微生物，或樹木與其眞菌菌根。

另一種機制也無需辨識能力，這是採用一個固定的互動地點，以確保參與者配對的對象可以從一而終。例如，考慮基於淸潔的互利共生，其中一種小魚或甲殼類動物幫助大魚（在其他情況下有可能捕食小魚或甲殼類動物）清除並吃掉寄生蟲（甚至從口內）。

這些水棲清潔者的互利共生是發生在沿海和珊瑚礁區，在那裡，動物生活的範疇和領地是固定的（特里弗斯〔Trivers〕，一九七一年）。但是在公開海域這樣自由混合的區域，則似乎沒有這種情況。

其他互利共生的情況也具備關聯性可能持續不斷的特點，通常涉及個體、近交系、無性族類或具備這些族類的個體（漢密爾頓〔Hamilton〕，一九七二年和一九七八年）的準永久配對。相反地，在自由混合和暫時配對這類不可能辨認的條件下，導致利用的可能性要大得多——像是寄生、疾病等等。好比說，蟻群參與許多共生，有時在很大程度上依賴它們，而蜂群——居地永久性的程度要低得多——則沒有已知的共生體，但有許多寄生物（威爾遜〔E. O. Wilson〕，一九七一年；特瑞斯曼〔Treisman〕，一九八〇年）。淡水小動物綠水螅與綠藻之間存在永久、穩定的關係，綠藻存在於綠水螅體內的組織之中，而且很難移除。藻類在這種物種裡頭會透過卵子傳送到下一代。水螅（Hydra vulgaris）和松之雪（H. attentuata）也與藻類關係密切，但沒有透過卵傳播到下一代。這些物種可以說是「動物先變得虛弱才受到感染，而且伴隨著病理症狀，顯示確實有植物的寄生」（楊吉〔Yonge〕，一九三四年，第一三三頁）。⑨同樣地，由此也可以看出，關係的非永久性傾向會破壞共生關係。

至於其他對同物種成員區別能力有限的物種，可以透過降低所需的辨識程度，來穩定合作互惠的關係。屬地性可以達到這個目的。「穩定的屬地」(stable territories) 這個說法的意思，是指有兩種完全不同類型的互動：與周邊地區個體互動的或然率高，與陌生者未來發生互動的或然率很低。在雄性屬地鳥的案例，鳴叫是用來讓鄰居相互辨認。這點與理論一致，這種雄性屬地鳥對陌生雄性的鳴叫顯示攻擊反應，對附近雄性的鳴叫則不會（威爾遜〔E. O. Wilson〕，一九七五年，第二七三頁）。

如果辨識能力不必依賴位置之類的補充線索，那麼和其他各式各樣個體互利合作的涵蓋範圍，就可達到穩定。人類的這種能力非常發達，主要是基於對面容的辨識能力。有一種專家稱之爲面容失認症的大腦失調，可凸顯出這個功能的精密程度。正常人可單由面部特徵辨認不同的人，即使面部特徵經過多年已有很大的變化也不例外。面容失認症患者無法順利建立此一關聯，但是除了喪失部分視域之外，幾無其他神經病變的症狀。這種大腦失調的問題出於大腦一個可辨認的部分：兩個枕葉的底部延伸到顳葉內表面。這種病因的位置和其影響力的特異性，在在顯示辨認個體面容這個任務的重要性，足以讓大腦撥出比例可觀的資源投入這項任務（格施溫德〔Geschwind〕，一九七九年）。

辨認其他參與者的能力之於擴大穩定合作關係的範圍，是非常寶貴的，同樣地，觀察能不能繼續互動的可能性也是一大指標，有助於看出互惠合作是否穩定。尤其是當未來互動的相對重要性 $w$ 低於穩定閾值時，將不再值得以合作回報對方。⑩合作夥伴一方患病時，導致活力降低，會是一個可檢測出的 $w$ 減弱的跡象。兩個動物夥伴關係的合作程度可能就會降低。在這方面，合作夥伴一方老齡化的效應也和疾病類似，將引起背叛的動機，以便在未來互動的可能性變得夠小時，獲取單次性的收益。

這些機制甚至可能在微生物的層次運作。任何共生者只要還有機會藉由感染程序蔓延到其他宿主，當與原始宿主持續互動的可能性減弱時，便可能從共生轉為寄生。在比較寄生的階段，它可以更為嚴重的形式利用宿主以散播和感染。在宿主受到重創、受到寄生蟲徹底的感染、有致死的威脅，或顯現出老化的跡象時，都可能出現這個階段。事實上，看似正常、無害的細菌，甚至是有益的腸道細菌，在宿主嚴重受傷時，都可能導致體內敗血症或內臟穿孔（薩維奇〔Savage〕，一九七七年），以及人體表面的正常寄生物（如白色念珠菌）在宿主生病或老化時，可以變成具有侵入性和危險性的細菌。

這一論點很可能也有一些與癌症的病因有關係，因爲它可能是由潛伏在基因組的病毒產生（曼寧〔Manning〕，一九七五年；歐爾樂夫〔Orlove〕，一九七七年）。癌症通常發病於年齡老化時，代表相傳到下一代的機會正在迅速下降（漢密爾頓〔Hamilton〕，一九六六年）。有一種會造成伯基特（Burkitt）淋巴瘤的病毒，在感染階段可能緩慢發病或急性發病交替。緩慢發病是以慢性單核細胞的形式，急性發病則爲急性單核細胞或淋巴瘤（亨利〔Henle〕、亨利〔Henle〕與里奈特〔Lenette〕，一九七九年）。教人感興趣的一點是，有些證據指出，淋巴瘤可以由宿主感染瘧疾而觸發。在宿主死亡前，淋巴瘤生長速度極快，也許是爲了與瘧疾的傳播競爭（可能由蚊子）。考慮其他同時感染兩種或更多種病原體，或同一病原體之兩個菌株的例子，目前的理論或許能夠更爲廣泛地應用於疾病會不會依循緩慢、共同最優的方式利用（對宿主而言是「慢性的」〔chronic〕）、抑或快速嚴重剝削（對宿主是「急性的」〔acute〕）。若是單一感染，那麼緩慢發病的過程是可以預期的。有了雙重感染，則可能會導致崩潰剝削——如回報函數暗示的——立即開始，或在宿主老化到適當的階段時發病。⑪

重複囚徒困境模型也可以嘗試應用到孕婦年齡增加時，某些類型的遺傳性背叛（斯特恩〔Stern〕，一九七三年），導致後代各種狀況的嚴重殘疾，唐氏症（由於額外的二十一號染色體）是最熟悉的例子。這個問題幾乎完全是因爲產婦配對的染色體無法正常分裂，這意味著可能和這套理論有關。卵子（但通常不是精子）形成過程中的細胞分裂是典型的不對稱，拒絕不幸進入細胞極的染色體（所謂的極體）。似乎可以說，雖然同源染色體在成雙生物體普遍得到穩定的合作，這種情況是一個囚徒困境：一個染色體可以「首先背叛」（first to defect），讓自己置身於卵核，而不是極體。

可以假設，這樣的行動觸發了類似的嘗試，在隨後的同源分裂，當兩個一對同源成員一同嘗試時，便可能偶發造成後代多出一個額外染色體的結果。額外染色體載負者的適合性通常非常低，但讓自己置身於極體的染色體對適合性的貢獻爲零。因此，$P$是大於$S$。這個模型要能運作，在發育中的卵子的一次意外「背叛」（defection），必須爲其他尚在等待中的細胞感知。這一觸發行動的發生是純粹的猜測，染色體在這類細胞分裂過程中自我促進行爲的可行性，也是如此。但效果似乎並不難以想像：畢竟，只有單染色體的細菌照樣有條件做出複雜的事情。鑑於這種效應，這個模型可以解釋高齡孕婦卵子（不是精子）染色體異常的情形更爲常見的原因。

這一章以正式的賽局理論說明達爾文對個體優勢的重視。這一系統陳述建立了生物系統的參與者即使沒有先見之明，也可以在互惠的基礎上演化出合作的條件。

# 第四篇

# 對參與者與改革者的建議

# 6 如何有效選擇合作策略

雖然遠見對合作的演化並非必要的，但是仍能有所幫助。因此，本章和下一章將分別對參與者和改革者提供建議。

本章將對身處囚徒困境的人提供建議。從個體的角度來看，其目的是在和其他同樣也想得到高分的參與者互動之中，盡可能取得高分。由於競賽是一種囚徒困境，參與者有背叛的短期誘因，但長遠來說，與對方建立互相合作的模型會達到更理想的成績。透過電腦競賽分析和理論研究結果這些實用的資訊，我們可以了解在不同的條件下，哪些策略可能會奏效以及箇中的原因。本章主旨在於根據這些研究成果，爲賽局參與者提供建議。

本章提出這四個簡單的建議，說明怎樣在持久的重複囚徒困境中獲得好成績：

一、不要羨慕（嫉妒）。
二、不要成爲第一個背叛者。
三、對合作回報合作，對背叛回報背叛。
四、不要太聰明。

## 一、不要羨慕（嫉妒）

人們習慣於零和互動的思考模式。在這些背景下，單一個體勝出時，另一方便落敗。國際西洋棋競賽是個很好的例子。參賽者在棋局之中必須大多數時候都居於上風，才能取得好成績。持白棋的如果勝利，持黑棋的必然落敗。

但是人生大部分的情況**不是**零和。一般來說，雙方可以都有好成績，也可能成績都不好。相互合作通常是可能的，但不一定能夠實現。這就是囚徒困境這套模型如此適用於日常各種情形的原因。

在我的課堂上，我經常要求學生成對進行幾十步的囚徒困境賽局。我告訴他們，目的是爲自己獲得高分，彷彿每得一分就可以獲得一美元。我還告訴他們，他們只需要盡可能爲自己獲得許多「美元」(dollars)，不用去管分數比對手稍微好一些或者差一些。

這些指示根本沒用。學生們要找一套可資比較的標準，好了解表現的好壞。對他們來說，這個標準已經擺在那裡，就是他們的得分與對手的得分的比較。遲早會有個學生背叛以取得領先，或者至少試探看看會怎麼樣。然後，對手通常也會背叛，以免分數落後。然後，情況可能惡化，變成相互反責。很快地，參賽者都意識到他們這樣做對雙方都沒好處，其中一人可能試圖恢復相互合作。但是，另一方不知道這是否是一種伎倆，也許再次恢復合作之後將導致又被利用。

人們傾向採用這種既有的比較標準——而在這個比較之下，對方往往顯得比本身還要成功，①以至於心生嫉妒，進而試圖扳回一城，不論對方已獲得什麼樣的優勢。在這種形式的囚徒困境之下，要想扳回一城，唯有背叛才能辦得到。但是背叛會導致更多的背叛和相互懲罰。因此，嫉妒是自我毀滅。

除非你的目標是摧毀對方，否則拿自己和別人的表現做比較並不是個好標準。在大多數的情況下，這都是不可能達成的目標，或導致代價高昂的衝突，追求的風險極高。如果你的目的不是毀滅對方，那麼拿著彼此的得分做比較，將不免引發自我毀滅性的嫉妒。比較理想的標準，是看對方若置身於你的情況下會有什麼樣的表現，再據此和自己的表現比較。面對其他參賽者的策略，你有竭盡所能地達到最理想的成績嗎？別人在你的情況下與其他參賽者競賽時，是否可以有更好的表現？這種衡量表現成功與否的測試方法才妥當。②

以牙還牙之所以贏得競賽，是因爲它與許多其他策略都有良好的互動。平均而言，以牙還牙策略在競賽裡的表現，比起任何採用其他策略的規則都要來得理想。然而，以牙還牙在競賽中的得分從未超過其他參賽者！事實上，它也不能。以牙還牙會讓其他參賽者先背叛，而且其本身的背叛次數也從未超過其他參賽者。因此，在每一個賽局裡，以牙還牙達到的分數與其他參賽者相同，或者少一些。以牙還牙之所以贏得競賽，不是藉由擊敗其他參賽者，而是誘導對方的行爲讓雙方都能獲得好成績。以牙還牙策略可以一以貫之地引出對雙方都有利的結果，所以總體得分才會超過任何其他的策略。

因此，在非零和世界裡，你們只需反求諸己，無須過度在意自己的表現是否超過對手。在你們與許多不同的對手互動時，這個道理尤其真切。只要自己的表現很理想，則讓其他個別個體的表現同樣理想、甚至超過一點點也無妨。無須對別人的成功心生嫉妒，因爲在長期性的重複囚徒困境裡，對方的成功其實是你本身表現理想的先決條件。

國會就是一個很好的例子。國會議員們可以相互合作，而不致威脅到彼此在本身利害關係人族群的地位。國會議員的主要威脅，在於本身利害關係人族群可能有人出來挑戰，而不是其他利害關係人族群議員的表現相對較爲優異。所以，實在沒有理由嫉妒同儕因爲相互合作而獲得的成功。

企業界也是如此。跟供應商採購商品的公司可以期望，成功的合作關係會讓供應商和買方一樣同享利潤。實在沒有理由嫉妒供應商的獲利。只要企圖以不按時支付帳款的不合作手段減少供應商的獲利，就會促使供應商採取報復行動。報復行動可能會有各種的形式，外表上往往看不出是懲罰。好比交貨時間比較慢，品質控制比較馬虎，對批量折扣的態度比較消極，或比較不即時提供市況預料中的改變（麥考利〔Macaulay〕，一九六三年）。報復行動可能令嫉妒付出高昂的代價。買方應考慮其他採購策略是否更好，而不是顧慮賣方的相對利潤。

## 二、不要成爲第一個背叛者

競賽和理論結果都顯示，只要對方合作，合作便是值得的。

第二章的競賽結果非常驚人。規則表現如何最好的預測方法，就是看它是否善良，亦即會不會第一個背叛。在第一輪競賽裡面，前八名的規則都是善良的，而且在倒數七名的規則中沒有一個是善良的。在第二輪競賽，前十五名規則中只有一個是不善良的（排名第八位）。在排名最後的十五個規則中，只有一個是善良的。

有些不善良的規則嘗試十分複雜的方法，去測驗他們是否可以逃脫報復。例如，「測試者」（TESTER）第一步就以背叛試探，如果其他參賽者進行報復，它就迅速撤回。另一個例子是「鎭定者」（TRANQUILIZER），傾向於在背叛前等待十二步或二十四步，看看是否會蒙蔽其他參賽者，然後偶爾利用。如果是這樣，鎭定者會更加頻繁地扔出額外的背叛，直到被對方的回應逼退。但是這些策略中沒有一個因爲第一個背叛而表現特別好。有太多其他參賽者不惜報復，以免受到利用。因此有時會造成代價高昂的衝突。

即使是專家，還是有許多人不認同態度良善，迴避不必要衝突的做法。在第一輪競賽中，幾乎有一半的賽局理論家的參賽作品不是善良的。而在第二輪裡，可能考慮到第一輪清楚的結果，大約只有三分之一的參賽作品採用不善良的策略。但是並不奏效。

第三章理論的結果也讓我們從另一種方式，了解善良的規則表演爲什麼會這麼好。由於善良規則的表現如此之好，所以由善良規則組成的人口是最難入侵的類型。此外，善良規則構成的人口不但能抵禦某個突變規則的入侵，也能抵禦任何其他規則之群集的入侵。

這個理論的結果爲運用良善策略的優勢提供了一個重要的條件。當未來互動相對於眼前背叛的利益而言並不那麼重要時，那麼等著對方背叛可不是什麼好主意。重要的是得謹記在心，唯有在折扣參數$w$相對回報參數$R$、$S$、$T$和$P$值夠高時，以牙還牙才是一個穩定的策略。特別是命題2表明，如果折扣參數不夠高，而另外一方使用以牙還牙，那麼交替運用合作與背叛、甚至總是背叛，可以獲致更好的成績。因此，如果不太可能會再次看到對方，那麼馬上背叛的做法會優於善良。

這事實對於眾所皆知四處遷徙的群體有個不幸的意涵。人類學家發現，吉普賽人碰上非吉普賽人時，會預期有麻煩；非吉普賽人接觸吉普賽人時，心中則充滿懷疑，預期會碰上兩面手法。

舉例來說，有個吉普賽的嬰孩病重，請來的醫生不是這對父母第一個打電話的對象，而是第一位願意來的醫生。我們帶他去後面的臥室，但他來到病人房間的門檻前就不肯再走過去了。他要求：「這次看診要十五美元，上一次你們欠我五美元。在看病之前，先付我二十美元。」吉普賽人懇求：「好吧，好吧，只要你現在給孩子看病，就會給你錢。」雙方交涉好幾回合，直到我捶手才停下來。吉普賽人先付了十美元，醫生開始檢查病人。看診結束後，我才發現吉普賽人爲了報復，不打算支付另外的十美元。（格羅珀〔Gropper〕，一九七五年，第一〇六—七頁）

在加州某個社區，又有吉普賽人不肯付清積欠醫生的帳款，但卻及時繳納市政府的罰鍰（薩瑟蘭〔Sutherland〕，一九七五年，第七〇頁）。這些罰鍰通常是違反垃圾規定的懲罰。這群吉普賽人每年冬季都會回到同一個市鎮。想當然耳，吉普賽人知道他們與市政府垃圾收集服務會有一個長期的關係，也不能貨比三家，尋求其他服務。相反地，在這個地區總是有足夠的醫生，必要時可以斷絕跟他們的關係，再另外找一個。③

短期互動不是值得首先背叛的唯一條件。另一種可能性是這種合作根本沒有得到回報的機會。如果其他人都是使用總是背叛的策略，那麼單一個體只有使用同樣的策略。但是，如同在第三章所示，如果個體和他人的互動中有人採取以牙還牙這類回應式的策略，就算比率極低，也值得採用以牙還牙的策略，而不是隨波逐流一味地總是背叛。在第三章以例子的數字說明，互動之中只要有百分之五的比例是跟其他同爲以牙還牙的人士來往，這樣的小型群聚便能在人口之中創造出優於總是背叛這個廣大族群的成績。④

在初次丟出善意的合作之後，會不會有人予以回報？在某些情況下，這是很難預先得知的。但是，如果有足夠的時間試過許多不同的策略，並透過某些方法讓比較成功的策略愈來愈普遍，那麼個體可以相當有信心，應該會有人回報他的合作。原因是，就算善良規則這種不同的策略爲數相對較少，這種小群集還是能夠入侵壞蛋的人口，並因彼此的亮麗成績而蓬勃成長。一旦善良的規則得以立足，便可保護自己免受壞蛋的入侵。

當然，個體可以嘗試「保險爲上」(play it safe) 的做法，一路背叛到其他人合作，然後才開始合作。不過，競賽結果表明，這其實是一個非常冒險的策略。原因是你初始的背叛可能引發對方的報復。這會讓你們兩人陷入困境，難以擺脫一開始互相背叛的利用模式。如果你懲罰對方的報復，這個一來一往的問題會一直沒完沒了。如果你寬恕對方，卻又冒了被利用的風險。即使你能避免這些長期問題，對方對你初始背叛的立刻反擊，還是會讓你希望一開始就採取良善的策略。

競賽生態分析也說明另外一個原因，爲什麼最先背叛會是危險之舉。第二輪競賽排名前十五的規則中，第八名的哈靈頓（HARRINGTON）是唯一不善良的規則。這項規則表現不錯的原因是因爲，它在與競賽之中排名較低的參賽作品交手時，取得很好的成績。在未來假設的各輪競賽中，排名較低的參賽作品在人口所占比例愈來愈少。不良善的規則雖然一開始得分不錯，可是到最後，它們能從交手中得利的對手策略也愈來愈少。然後，這類策略也會跟著受難並逐漸凋零。所以生態分析顯示，策略若只能在與表現不佳的對手競賽時才能獲得高分，最終必定邁向自我毀滅的過程。箇中的寓意在於，不善良的策略一開始看起來似乎前途光明，但長遠下來，卻可能使得本身賴以成功的環境毀於一旦。

## 三、對合作回報合作，對背叛回報背叛

從以牙還牙非凡的成就，我們可以提出一個簡單、但強大的建議：實踐回報。在第一步的合作之後，以牙還牙總是根據對方前一手的作爲予以回報。這個簡單的規則具有驚人的穩健性。它贏了第一回合的電腦囚徒困境競賽，得到的平均分數超過其他任何賽局理論專家提交的參賽作品。而當這個結果在第二輪競賽之前公布給參賽者知道之後，以牙還牙仍然再次獲得勝利。這場勝利顯然讓人大出意料之外，因爲見識過第一輪競賽之中以牙還牙策略表現如此成功之後，任何人在第二輪競賽都可以提交相同的參賽作品。但是人們顯然希望他們可以做得更好——但事實並非如此。

以牙還牙不僅本身贏得了競賽，而且在假想的未來各輪競賽裡，也超越任何其他的規則。這個結果表明，以牙還牙不但在原本種類繁多的規則中脫穎而出，在面對未來可能占主流的成功規則時，照樣也有不俗的表現。以牙還牙策略不會毀滅自己賴以成功的基礎，反而會從和其他成功規則的互動之中蓬勃成長。

以牙還牙的回報做法從理論層面觀之也是好的。當未來的重要程度相對於現在夠大

時，以牙還牙是集體穩定的。這意味著，如果所有人都使用以牙還牙，那麼對特定參與者而言，除了這套策略之外，沒有任何更理想的辦法。用另一種方式來說，如果你確信其他參賽者都使用以牙還牙，而且互動將持續足夠長的時間，那麼你不妨也這樣做。但以牙還牙互惠回報最棒的地方在於，這套策略在各式各樣的情況下表現都如此優異。

事實上，以牙還牙黑白分明，精於區分善意回應本身初始合作以及沒有回應的規則。以第三章介紹的含義來說，以牙還牙黑白分明的程度甚至是最大的。因此，這種能力讓以牙還牙策略能如命題6所示，以再小不過的群集入侵壞蛋的世界。此外，它會以背叛回報背叛，以合作回報合作，所以具備可激怒性。誠如命題4所示，對於以牙還牙這樣善良的規則而言，可激怒性其實是它們抵禦入侵所需的條件。

以牙還牙策略在反應另外一方背叛的行爲上，展現出懲罰和寬恕的平衡。以牙還牙每次遭逢對手背叛之後，總是只背叛一次，而其在競賽之中的表現也非常成功。由此引出一個問題：總是一報還一報是不是最有效的平衡。這很難說，因爲提交的作品中沒有對這種平衡略作調整的。明確的是，在對手每個背叛之後施予多個背叛會使風險升高。另一方面，回報程度若不及對等，則會冒著被利用的風險。

以一牙還二牙是一個在對方前兩步都背叛時才背叛的規則。因此，它是以一報還二報。這種相對較爲寬容的規則，如果在第一輪電腦囚徒困境競賽時提交，會贏得競賽。會有這樣的結果是因爲，它不會和其他一些會找麻煩的規則（甚至對以牙還牙也是如此）陷入互相報復的情況。不過，當以一牙還二牙在第二輪競賽實際提交時，它的得分甚至沒有擠進前三分之一。原因是在第二輪中，某些規則會竭盡所能地利用它願意原諒孤立背叛行爲的弱點。

這個故事的寓意是，寬恕最理想的精確程度取決於環境。特別是，如果主要風險在於無休止的互相報復，那麼慷慨寬恕是適當的。但是，如果主要危險在於對方善於利用隨和的規則，那麼過度寬恕則會付出昂貴的代價。儘管在特定的環境中難以精確拿捏平衡點，但競賽的證據顯示，對背叛施以接近一報還一報的回應，在各種不同的背景環境中都可能十分有效。因此，對其他參賽者的背叛和合作都施以相同的回報，是個不錯的建議。

# 四、不要太聰明

這次競賽結果顯示，人們在囚徒困境的情況往往自作聰明。複雜度極高的規則表現並未超過簡單的規則。事實上，所謂的極大化的規則因爲容易引起相互背叛，因此表現往往很差。這些規則有一個常見的問題，它們會以複雜的方法推論其他參賽者的行動，可是這些推論是錯誤的。部分問題是在於，這類規則會把他方試探性的背叛解讀爲無法誘使對方合作。但是，問題的核心是，這些最大化規則並沒有考慮到，自己的行爲會導致對方做出改變。

在決定是否攜帶雨傘時，我們不必擔心雲朵會將我們的行爲納入考量。我們可以根據過去的經驗推算下雨的機會。同樣地，在西洋棋之類的零和競賽裡，我們也可以放心地假設，對手會選擇最危險的一步，而我們則可據此採取相應的行動。因此，分析做得愈精密、愈複雜是値得的

在囚徒困境之類的非零和競賽裡，情況卻不是這樣。對手可不是雲朵，他可以回應你的選擇。而且，在囚徒困境的對手不同於國際西洋棋，不應被視爲要打敗你的人。其

他參賽者會關注你的行爲，從蛛絲馬跡之中判斷你會不會回報合作，因此，你本身的行爲很可能會反饋回來。

想讓自己的分數最大化的規則，把其他參賽者視爲環境中不會變動的一個部分；在有限的假設下，不論它們多麼精於計算，都會忽略了這方面的互動。在雙方互相回應的過程中，你會根據對方的舉動做出回應，對方也會回應你的動作，一直循環下去；所以在你們爲對方舉止建立模型的時候，如果忽略了這個過程，那麼就算建模做得再好，對你們都沒有好處。要想非常成功，這會是一條十分艱困的路。當然，在這兩次競賽的提交作品中，這些多少較爲複雜的規則表現都不是十分出色。

另一種過分聰明的方法是使用「永久報復」(permanent retaliation) 的策略。這種策略只要其他參賽者合作就回報合作，但是一旦其他參賽者背叛一次，就永遠不再合作。由於這個策略是善良的，它與其他善良的規則交手也有不錯的成績。而且它與反應不是很敏感的規則，如完全隨機的規則，也相處得不錯。可是面對許多其他規則時，它的表現就很差，因爲它碰上偶爾試圖背叛、一旦受到懲罰就回頭合作的規則時，太早就放棄了。永久報復似乎是高明的策略，因爲它爲避免背叛提供了最大的動機。但是，它對於自身的利益卻過於苛求。

部分競賽規則還有另外一個過於聰明的地方：它們運用的或然率策略過於複雜，以致無法為其他純粹隨機選擇的策略辨別。換言之，複雜性過高看起來可能完全沒有章法可言。如果你採用的策略看似隨機，那麼其他參賽者會覺得你是沒有反應的。如果你沒有反應，其他參賽者也沒有動機與你合作。因此，複雜到難以捉摸的地步是非常危險的。

當然，人類在許多情況下，都可向對方解釋本身採用複雜規則的用意。然而還是會有同樣的問題，對方可能對你提供的原因半信半疑，就是因為複雜度過高，所以看起來似乎是臨時編造出來的理由。在這種情況下，其他參賽者可能質疑有沒有任何促進回應的價值。對方可能因此認為無法預測的規則就無法改造。這個結論自然會導致背叛。

以牙還牙在競賽中獲得盛大成功，有個原因在於它非常明確：對其他參賽者來說，它顯然是可以理解的。當你使用以牙還牙，其他參賽者便有機會了解你在做什麼。對任何背叛，你的一報還一報的反應模式很容易理解。所以你的未來行為是可以預測的。一旦發生這種情況，其他參賽者便很容易看出，合作是對待以牙還牙最好的方法。假設賽局還會持續至少一次互動的機率夠高，那麼碰到以牙還牙策略時，除了合作之外，沒有其他更好的辦法，這樣你才能在下一步的互動中獲得對方的合作。

而且，如西洋棋之類的零和賽局和重複囚徒困境之類的非零和賽局之間，還有個重要的對比。西洋棋局可讓對手猜測你的用意，他們愈是猜不透，所採取的策略效果就愈低。在零和的環境下，其他參與者的效率愈低，對你就愈有利，所以用意深藏不露是可行的。但在非零和的環境下，如此聰明未必值得。在重複囚徒困境裡面，你受益於其他參與者的合作。鼓勵合作是箇中的關鍵，所以讓對方清楚明白你會回報是個好辦法。在這種情況下，言語固然能有所幫助，但眾所皆知的是，行動勝於雄辯。這就是以牙還牙這種容易爲人所理解的行爲會這麼有效的原因。

# 7 如何促進合作

本章從改革者的角度探討怎樣改造策略環境本身，以促進參與者之間的合作。前一章採取的是不同的角度，重點在怎樣爲身處**特定**環境的個體提供建議。如果策略環境允許，個體之間的互動維持得夠久，那麼建議的重點在於利己主義者就算面對不要合作的短期誘因，還是應該願意合作的原因。但是如果互動持續不久，那麼利己主義者背叛、爭取短期利益會比較有價值。另一方面，本章不會採取特定的策略環境，而是探討個體怎樣透過對策略環境本身的改造——例如，藉由擴大未來的影響力——來促進合作。

人們通常會認爲合作是美好的。若從參與者本身的角度來看，合作自然是美事一樁。在囚徒困境裡面，畢竟，相互合作對參與者雙方都有利。因此，本章是從如何促進合作的觀點寫作。不過誠如先前所說，有些情況正好相反。為了避免企業操縱價格，或防止潛在的敵人協調彼此的行動，我們會加以調整，和平常會促進合作的做法背道而馳。

囚徒困境本身的命名就是出於這種情況。原本的故事是兩個同夥罪犯遭到逮捕，分開偵訊。這兩個人任何一方都可以藉由認罪、背叛另外一方獲得減刑。但是，如果雙方都承認犯罪，他們的供詞就沒有價值。另一方面，如果他們雙方彼此合作，拒絕承認，地方檢察官只能以比較輕微的罪對他們提出告訴。假設參賽者都無道義上的疑慮，或被出賣的恐懼，這些收益就會形成囚徒困境（盧斯〔Luce〕和雷法〔Raiffa〕，一九五七年，第九四－九五頁）。這兩個同夥近期內再度於同樣的情況被逮的可能性微乎其微，從社會觀點來看，這是個好事；因為這正是他們出賣彼此之所以對自己有利的原因。

只要互動不是重複的，合作就會非常困難。這就是為什麼促進合作的重要途徑之一，在於安排雙方再度相逢，能認得過去的彼此，並記得對方迄今的行為。這種持續的互動讓互惠合作得以穩定。至於要怎樣促進這種互相合作的建議，可從三個類別來看：讓未來的重要性相對高於現在、改變參與者行動四個可能結果的收益，和教育參與者促進合作的價值、事實和技能。

## 一、擴大未來的影響力

如果未來的重要性相對於現在夠高，那麼相互合作就能穩定。這是因爲每個參賽者可以報復的隱性威脅嚇阻對方的背叛——如果互動期間夠久，足以讓這種威脅發揮嚇阻的效果。以數值爲例說明箇中的運作，可讓我們研擬能夠擴大未來影響力的替代方法。

正如先前所言，在此也假設下一步行動收益只值現在這一步行動相同收益某個固定的百分比。回想一下，這個折扣參數 $w$ 反映了兩個未來通常不比現在重要的原因。首先，互動可能無法繼續。一方或其他參與者可能死亡、破產、搬走或關係可能因任何其他原因結束。由於這些因素不能肯定地預測，所以下一步行動不如現在這一步來得重要。可能沒有下一步。下一步行動不如目前這一步的第二個原因是，個體通常喜歡今天獲得好處，而不願等到明天才獲得同樣的好處。這兩種效應結合起來，使下一步行動的重要性不如現在這一步行動。

在此所舉的數值例子是先前所見熟悉的重複囚徒困境，其收益如下：另一方合作、而己方背叛時，得到的誘惑爲 $T=5$，相互合作時的報酬爲 $R=3$，相互背叛時的懲罰爲 $P$

$=1$，以及己方合作、而對方背叛時的笨蛋收益爲 $S=0$。現在先假設下一步行動的價值是現在這一步行動的百分之九十，使 $w=.9$。這樣一來，如果其他參賽者使用以牙還牙，你的背叛就不值得。這直接由命題2而來，這項命題告訴我們以牙還牙什麼時候是集體穩定的，但可以再計算一次以了解這是如何運作的。從不背叛的規則當遇上以牙還牙策略時，每一步行動會得分 $R$。在考慮折扣率之後，總預期得分會累積爲 $R+wR+w^2R$……也就是 $R/(1-w)$。若 $R=3$ 和 $w=.9$，便是30分。

你不可能有更好的成績。如果你總是背叛，你會在第一步得到誘惑的收益 $T=5$，但是之後的每一步裡，你只能獲得相互背叛的懲罰 $P=1$。這會累積到14分。①不如你本來可以藉由合作得到的30分。你也可以嘗試交替背叛與合作，不斷設計利用以牙還牙，但代價是自己在背叛的下一步會遭到利用。這樣做可以獲得的總期望分數爲26.3分。②這個分數優於總是背叛的14分，但還是不如與以牙還牙一直合作的30分。命題2有個含義是這樣的，如果這兩項策略都比不上以牙還牙的相互合作，那麼沒有其他策略會更好。如果折扣參數達到百分之九十，顯示未來的影響力舉足輕重時，那麼與使用以牙還牙的人合作是值得的。也正因爲如此，值得使用以牙還牙。因此，在未來有巨大影響的情況下，基於互惠的合作是穩定的。

當未來的影響不是這麼大時，情況就不同了。要看出這點，且讓我們假設折扣參數從百分之九十變成百分之三十。這可能是因爲互動即將告終的可能性大增，或參與者偏好實現眼前的利益，而不是延遲的滿足，也可能是這兩個因素的任何組合。同樣地，假設其他參賽者使用以牙還牙。如果你合作，你會和以前一樣在每一步獲得 $R$。你的總期望分數公式仍然是 $R/(1-w)$，但因爲較低的 $w$ 值，現在只有4.3分。如果你總是背叛，你在第一步獲得的 $T=5$，隨後在每一步你得到 $P=1$。這累積到5.4分，比你扮演善良角色可以獲得的分數好。交替背叛與合作甚至更好，可以獲得的總期望分數爲6.2分。因此，當未來的影響變得比較小時——即使其他參賽者會回報你的合作——停止與對方合作還是值得的。

如果合作是不值得的，那麼另外一方的配合也沒有價值。因此，當折扣參數不夠高，合作很可能遭到忽略或很快銷聲匿跡。這個結論不光是局限於以牙還牙策略而已，因爲在第三章的命題3指出，只有在折扣參數足夠高時，任何可能率先合作的策略才具有穩定性；這意味著，當未來相對於現在不夠重要時，沒有任何形式的合作是穩定的。

這一結論凸顯出第一種促進合作法的重要性：擴大未來的影響力。要達成這一點有兩種基本方式：便是互動要更爲持久，且更加頻繁。

鼓勵合作最直接的方式是使互動更加持久。例如，婚禮是一種公開的活動，旨在慶祝和促進持久的關係。持久性的互動不光是對戀人有利，對於敵對雙方其實也有幫助。第四章介紹第一次世界大戰期間壕溝戰和平共存系統的發展，就是一個明顯的例子。誠如該章所示，壕溝戰不尋常之處在於，小型部隊同一批人會和敵軍接觸相當長的一段期間。他們很清楚，大家都會待在原地，所以彼此的互動會繼續下去。在移動性較高的戰爭中，小型部隊每次跟敵軍交戰，面對的都是不同的單位，因此不值得著手展開合作，以爲對方日後會予以回報。但在靜態對峙之中，兩個小單位之間的互動會持續一段相當長的時期。這種持續型的互動讓互惠合作值得一試，並讓這種策略得以底定。

另一種擴大未來影響力的方式是，讓互動更加頻繁。在這種情況下，未來的互動會來得更快，因此下一步的影響力得以擴大。互動頻率提高會反映在 $w$ 值上，亦即帶動下一步行動相對於現在這一步的重要性。

重要的是要明白，折扣參數 $w$ 是基於下一步行動對現在這一步行動的相對重要性，而不是未來一段時間對現在這一段時間。所以，如果參與者認為兩年後的收益只值現在收益的一半時，要促進合作就得讓他們的互動更加頻繁。

促進雙方互動的頻率有個好辦法，那就是阻絕外人。例如，當鳥建立自己的地盤時，這意味著它們只會有少數的鄰居。所以這進而意味著它們和周遭動物的互動頻率會相對比較頻繁。如果某家公司具有地域性，而其併購和出售主要都是跟本身地盤裡頭的少數幾家公司，那麼也是同樣的情形。同樣地，任何形式的專業化往往會讓互動局限於少數幾個人，令他們彼此之間的互動更加頻繁。這是小鎮居民的合作比大城市居民的合作更容易成局的一個原因。這也是為什麼在一個相處和諧的產業之中，企業會想盡辦法排擠新的公司，以免在這個有限的產業之中，同業彼此都能接受的競爭限制受到破壞。最後，以流動攤販和日沖交易員來說，如果客戶認為跟他們的互動屬於經常性的，而不是每次互動都要隔許久的時間、且難以預期，那麼雙方的合作關係會比較容易成形。原則總是相同的：頻繁的互動有助於促進穩定的合作關係。

階級制度和組織對於集中個體之間的互動特別有效。官僚機構是結構化的，所以裡面的工作人員專業化，可讓相關任務的工作人員集中在一起。這個組織的做法會增加互動的頻率，方便職工發展穩定的合作關係。此外，要是出現需要各部門協調的問題時，階級結構讓這個問題得以交給上級決策者，他們本來彼此就經常處理這類問題。組織會讓人們在長期、多階的賽局中結合在一起，從而增加未來互動的數量和重要性，使得各群體之間得以進行原本因爲規模過大、難以個別互動的合作。進而引領組織的演化，得以處理規模更龐大、更複雜的議題。

集中互動、使每個個體只與其他少數個體經常見面，除了加強合作的穩定性之外，還有一個好處。它還有助於合作的持續進行。正如在第三章討論群集時所說的，即使是一小群個體，也可以入侵爲數眾多的壞蛋人口。這個群集的成員就算大多數的互動都是跟廣大的人口，必然有一小部分是跟彼此互動。數字的例子可清楚呈現，一小群以牙還牙參與者可以多麼輕易地入侵總是背叛的參與者人口。根據標準的例釋收益值（$T=5$，$R=3$，$P=1$ 和 $S=0$）和適度的折扣參數（$w=.9$），群集成員之間的互動只占整體互動的百分之五，便能在一個自私的世界展開合作。

集中互動也可讓兩個個體更頻繁地互動。在討價還價交涉的情況下，另一種可以促進更加頻繁互動的辦法，則是把問題打散，分割爲小片段。例如，軍備控制和裁武協定可以分爲許多階段。這讓雙方得以進行許多規模相對較小的行動，而不是一、兩個大規模的行動。這樣一來，互惠的效果會更爲明顯。如果雙方都能知道，任何一方只要做出不恰當的舉動，就會遭到對方在下一步回報背叛：那麼雙方都會更加深信這個過程的結果會如預期般地理想。當然，事實上，軍備控制有個重大的問題在於，各方是否知道對方前一步確實做了些什麼——是合作履行其義務，或背叛欺騙。但是，只要各方有信心能夠偵測舞弊的行爲，那麼眾多小步驟會比只有少數幾個大動作更有助於促進合作。這樣解構互動可以促進合作的穩定性，因爲如此一來，在目前這一步欺瞞的收穫，其重要性遠遠不及日後可能共同合作的收穫。

步驟分解這種原則的應用十分廣泛。亨利・季辛吉（Henry Kissinger）安排以色列在一九七三年戰後，從西奈半島分階段撤出，並與埃及的行動協調一致，促進日後正常的以埃關係。企業寧可交貨之後分批取得貨款，而不是等到最後全部收齊。確保現在這一步行動的背叛，相對於未來整體互動過程而言並不是太誘人，是促進合作一個很好的方法。但是另一種方法是改變收益本身。

## 二、更改收益

陷入囚徒困境的人會有一個共同的反應：「這種事情應該有法律管管」。事實上，擺脫囚徒困境是政府的主要職能之一：確保當個體沒有私人誘因合作時，無論如何都將做出對社會有益的事。政府通過法律，促使人民繳稅、不偷竊，以及與陌生人履行合約。這些活動每一個都可被視爲眾多參與者的龐大囚徒困境賽局。沒有人願意付稅，因爲好處是如此分散、而且成本是如此直接。但是繳稅是爲了分享學校、道路及其他集體財產的好處，那麼對每個人或許都有好處（謝林〔Schelling〕，一九七三年）。盧梭（Rousseau）提出政府的角色在於確保每個公民「將會被迫自由」（will be forced to be free），而這正是箇中的主要含義（盧梭，一七六二／一九五〇年，第一八頁）。

政府所做的是改變有效的收益。如果你逃稅，就必須面對被抓和關入監獄的可能性。這個前景會讓背叛這個選項的吸引力減弱。即使準政府組織也可以改變參與者面對的收益，以執行他們的法規。例如，在原來的囚徒困境故事，有兩個同夥分別被逮、接受偵訊。如果他們屬於某個有組織的犯罪集團，他們可以預見告發同伴受到的懲罰。這種情形可能會降低出賣同夥的收益，以至於沒有人會認罪——由於他們的相互合作沉默，都將獲得相對較輕的刑責。

收益結構的巨大改變可以轉化互動，原本的囚徒困境甚至不再是囚徒困境。如果背叛的懲罰非常巨大，以至於無論其他參賽者做什麼，短期內合作都是最好的選擇，那麼就不再是一個兩難的問題。不過，收益的轉變不需要這麼激烈也會有效。即使收益的轉變相對較小，互動仍然是一個囚徒困境，也可能有助於使基於互惠的合作穩定。因爲穩定合作的條件是反映在折扣參 $w$ 和四個結果收益T、R、S與P之間的關係。③需要的是 $w$ 相對於這些收益夠大。如果收益改變，原來不穩定的合作可能變爲穩定的合作。因此，通過修改回報促進合作，無須過於激烈到消除短期背叛誘因和較長期互利合作誘因之間的張力，只需讓相互合作的長期誘因大於背叛的短期誘因即可。

## 三、教育人們互相關懷

教育人們關心別人的福利，是促進社會互相合作一種極好的方法。家長和學校應該積極教導年輕人重視他人幸福的價值。以賽局理論的說法，這意味著成年人嘗試塑造兒童的價值觀，使新公民將不僅重視自己的個體福利，而且在一定程度上，至少也關注其他人的福祉。毫無疑問地，這樣一個關懷別人的社會即使處於一個重複囚徒困境，也可以輕易地促進成員之間的合作。

利他主義是個很好的名詞，可貼切地形容一人的功利受到他人福祉正面影響的現象。④因此，利他主義是行動的動機。但要體認的是，某些行爲看起來好像是慷慨之舉，但實際上的動機卻不是出於利他主義。例如，捐助慈善事業的主要考量，通常是著眼於社會對此舉的讚許，而不是對於不幸人士的關注。而在傳統和現代社會中，送禮很可能是交換過程的部分環節。動機可能是爲了讓收禮者覺得對他們有虧欠，而不見得是改善收禮者的福利（布勞〔Blau〕，一九六八年）。

從生物演化遺傳學的觀點，利他主義可以在血親間延續下去。母親甘冒生命危險拯救親生子女，以增加基因傳承下去的勝算。如第五章所說的，這是遺傳親緣關係理論的基礎。

人與人之間的利他主義也可以透過社會化持續下去。但是有個嚴重的問題。自私的個體可從他人的利他主義得到好處，但不慷慨回報以支付福利成本。我們有寵壞的小傢伙，只期待他人的體貼和慷慨，但只顧自己的需求。碰上這樣的人，得用不同於對待比較體貼的人的方式，以免被他們利用。這個推理顯示利他主義的代價是可以控制的，開始時對每一個個體都無私奉獻，其後則只針對志同道合者。但是，這樣很快就會回到以回報爲基礎的合作。

## 四、教導互惠

以牙還牙策略或許是利己主義者可以使用的有效策略，但這是個人或國家遵循的道德策略嗎？答案當然取決於個人的道德標準。這個黃金法則或許是最爲各界廣泛接受的道德標準：己所不欲，勿施於人。在囚徒困境場合中，這項黃金法則似乎意味著，你應該總是合作，因爲你也希望別人會跟你合作。這種解讀暗示的是，從道德觀點來看，最佳的策略是無條件的合作策略，而不是以牙還牙。

這個觀點的問題在於，有人打你的右臉、連左臉也轉過來由他打，提供對方充分利用你的誘因。無條件的合作不僅會傷害你，還會傷害到日後對方會與之互動的無辜旁觀者。無條件合作往往會慣壞對方，給社會其他成員留下改造這個人的負擔，由此可見，

「互惠」比「無條件合作」是更理想的道德基礎。黃金法則會建議無條件的合作，因爲你眞正希望對方做的是，讓你偶爾爲之的背叛行爲可以僥倖避開懲罰。

然而，基於互惠的策略似乎也不是道德的高度——至少根據我們日常的直覺不是如此。互惠絕不是道德渴望的良好基礎。但其道德的高度還是高於單純的利己主義。它實際上不但幫助自己，也幫助其他人。它讓利用他人的策略難以生存，從而幫助他人。它不但幫助他人，而且己所不欲勿施於人。以互惠爲基礎的策略可讓對方因相互合作獲得獎勵，當兩個策略都盡力時，它爲自己獲得相同的收益。

許多基於互惠的規則都有一項基本特性：堅持公平的分際。這一點在囚徒困境競賽中以牙還牙的表現最爲明顯。以牙還牙贏得了兩輪競賽，但是它在任何賽局中的得分從未超過其他參賽者！事實上，它在一場賽局裡得分不可能超過其他參賽者，因爲它總是讓其他參賽者先背叛，而且它背叛次數絕不會多於其他參賽者背叛的次數。以牙還牙的勝利不是因爲成績超過其他參賽者，而是因爲能夠誘導對方合作。以這種方式，以牙還牙藉由促進彼此的利益，而不是利用對方的弱點，達成非常亮麗的成績。以道德爲依歸的人士也不可能會有更好的表現。

以牙還牙對於「以眼還眼」的堅持，是它稍微爲人所詬病之處。這確實是有點草莽氣息的正義。但是眞正的問題是，是否有更好的選擇。在人們能夠依賴中央權力機構執行社會標準的情況下，可以有選擇。懲罰可能適合罪行，而不必如罪行本身一樣痛苦。如果沒有中央權威機構執法，參與者就得靠自己去給對方必要的誘因，以引出合作而不是背叛。在這種情況下，眞正的問題在於該以什麼形式來引誘。

以牙還牙的麻煩是，一旦爭鬥開始，可以無限期地繼續下去。事實上，很多爭鬥似乎都有這種屬性，例如，在阿爾巴尼亞和中東地區，家族之間的仇恨有時會持續好幾十年，一方傷害另一方的人之後，另一方馬上報復，每次報復都開啓了下一場爭鬥的循環。雙方你來我往地彼此傷害，到最後連原本的導火線都消失在遙遠的過往之中（布雷克—米紹德〔Black-Michaud〕，一九七五年）。這是以牙還牙一個嚴重的問題。比較理想的策略可能是只回報十分之九的以牙還牙。這會降低衝突來回擺盪的效應，但仍可嚇阻對方別嘗試任何無理的背叛。這是以互惠爲基礎的策略，但會比以牙還牙多一點寬容。它仍然是有點草莽氣息的正義，但在沒有中央威權的利己世界之中，它確實具備促進本身福利、也兼顧他人福祉的優點。

社群所採策略若以互惠爲基礎，其實可以自我保護。只要有人企圖不配合，肯定就會受到懲罰；這樣一來，這種離經叛道的策略就無利可圖。因此，偏離正軌的策略不會蓬勃發展，也不具吸引他人仿效的誘因模型。

這種自我保衛功能讓你更有出於私心的誘因，想要教導別人——甚至跟那些你永遠再也不會與之互動的人。當然，對於那些將會與你互動的人，你會想要教導他們互惠的道理，以建立彼此互利的合作關係。即使是一個跟你永遠也不會互動的人，只要他使用互惠策略，你也可以從而得到一些私人利益：他人的互惠會讓那些嘗試利用他人的人受到懲罰，所以有助於保衛整個社會。而你日後得接觸態度不合作的人數也會因此減少。

因此，教導以互惠爲基礎的善良策略可以幫助學生、幫助社會，而且可以間接幫助老師。難怪有位教育心理學家聽到以牙還牙的優點時，便建議在學校教導互惠的道理（卡爾菲〔Calfee〕，一九八一年，第三八頁）。

## 五、改進辨識能力

要想保持合作，就得能夠辨認過去互動中的對手，並記得這些互動的相關特徵。如果沒有這些能力，就無法運用任何形式的互惠，所以也無法鼓勵對手合作。

事實上，可持續合作的範圍就是取決於這些能力。第五章介紹各式各樣的生物系統，便是說明這種依賴性最明顯的例子。例如，細菌在生物演化階梯上接近底部，辨識其他生物體的能力有限。因此，它們必須使用一種辨識捷徑：一次只與一個對手（宿主）建立獨家關係。這樣，細菌的環境若出現任何改變都可歸因於那一個對手。⑤鳥類的辨別能力比較強——它們可以區分周遭環境有些個別鳥類的鳴聲。這種區分能力讓它們能與其他一些鳥類發展合作關係，或至少避免爆發衝突。正如在第五章討論的，人類的認知能力已經發展到大腦有個專門辨識面孔的部分。人類可以認出曾經與之互動過的人，這種擴大的能力讓人類能夠發展出比鳥類更豐富的合作關係。

然而，即使在人類事務中，合作範圍之所以受限，往往是因爲無法確認對方的身分或行動。在國際核武控制方面，這個問題特別嚴重。這裡的困難在於驗證：有足夠的信心知道對手實際已採取什麼行動。例如，有一項禁止所有核武器試驗的協議，直到最近才順利過關，之前一直都受限於技術方面的難題——難以區分倒底是試爆或是地震（塞克斯〔Sykes〕與艾沃登〔Everden〕，一九八二年）。

在遭逢背叛時的自覺能力，不光是成功合作成局的唯一要求，同時肯定也是一項重要的條件。因此，只要雙方能夠加強對過去互動的辨識能力，並對已經採取的行動有信心，具持續性的合作範圍就得以擴大。本章已顯示，人與人之間的合作可以透過各種其他技巧促進，其中包括擴大未來的影響力，更改收益，教育人們關心他人福利，以及教導互惠的價值。除了教導參與者相互合作的收穫超過相互背叛之外，也要塑造互動的特質，以便讓合作得以穩定演化，方能得到更理想的成果。

# 第五篇

# 結論

# 8 合作的社會結構

在探討合作演化甚麼時候展開的時候，會需要一些社會性的結構。第三章指出，在總是背叛的壞蛋組成的人口之中，採用善良策略（如以牙還牙）的個體是不能單打獨鬥侵入的。但是如果入侵者具備社會結構，即使爲數不多，情況都有可能不同。如果他們是以群集的形式出現，甚至和彼此有些互動，就算比重微乎其微，還是可能入侵壞蛋人口。

本章探討社會結構更多的型態。研究「標籤」（labels）、「名聲」（reputation）、「規章」（regulation）和「領土」（territoriality）這四個要素，社會結構會因爲這幾個要素出現有意思的類型。「標籤」是參與者在對方可以觀察到的固定特徵，如性別或膚色。它會產生穩定的刻板印象（stereotypes）和地位層級（status hierarchies）。名聲是可塑造的，對方可從參與者和他人交手時採用的策略取得這樣的資訊。名聲會引起各種現象的出現，其中包括建立「橫行霸道者」（bully）名聲的誘因，以及嚇阻他人欺負的誘因。「規章」是政府和被管轄者之間的關係。政府不能光以嚇阻的手段統治，而是應該讓大多數人民自願遵守法規。因此，規章的問題在於規定和執法程序該嚴格到甚麼程度。最後，當互動對象是周遭的人，而不是隨便的任何人時，就會產生「領土」問題。隨著策略在人口內傳播，這個問題會引起相當有意思的行爲模式。

## 標籤、定型和地位層級

人們經常以性別、年齡、膚色和服裝風格，這些可以觀察到的線索作爲彼此認同的基礎。憑著這些線索，參與者碰到陌生人時，會預期他們也有同樣可觀察到的特徵，並據此開始互動。原則上，這些特徵讓參與者在互動開始之前，就得以知道一些關於對方策略有用的資訊。這是因爲觀察到的特徵可給其他同屬族群的人貼上標籤，並據此推論對方會有何作爲。

有關特定標籤的預期無需來自個人的第一手經驗。這些期望也可透過分享軼事的第二手經驗形成。對於線索的解讀甚至可能出自遺傳和天擇，如海龜能夠區分另一隻海龜的性別，並據此做出反應。

**標籤**可定義為參與者的固定特徵，這是他人在互動開始時可以觀察到的。①當有標籤時，策略選擇不但可以依據到目前為止的互動歷史，還可參考對方被貼上的標籤。

標籤會導致自我定見的刻板印象，這是它最有趣、但也最令人煩擾的後果。要了解這種情況可能怎麼發生，假定每個人都有一個標籤，藍色或綠色。此外，假設這兩個群組的成員都善待自己的成員，以及對另一群組的成員總是背叛。為了具體說明起見，假設兩個群組對彼此的成員都採用以牙還牙策略，對另一群組的成員則使用總是背叛。並假設折扣參數 $w$ 夠高，足以讓以牙還牙成為集體穩定的策略（根據第三章命題2）。那麼，單一個體無論是藍色或綠色，除了跟其他人一樣——只對自己同類的人友善、對其他類型人則惡劣以對——不會有更理想的表現。

這個誘因意味著，刻板印象的定型即使不是基於任何客觀差異，也可以是穩定的。藍色認為綠色是壞人，每次碰上一個綠色，他們就更證實自己的信念。綠色認為只有其他綠色會回報合作，也對自己的信念深信不疑。如果你嘗試突破，會發現自己的收益下降，希望也將破滅。所以，就算你跳脫常規，可能遲早還是會回到外人期望你的角色。如果你的標籤說你是綠色的，其他人都將以綠色對待你，而且因爲你唯有展現綠色族群的行爲才會有收穫，所以更加證實其他人對你的期待。

這種定型化有兩個不幸的後果：一個明顯，一個比較微妙。明顯的後果是每個人的成績都會低於原本可以達到的水準，因爲群組之間的相互合作可以提升每個人的分數。比較微妙的後果則在於藍色和綠色的人數差異，產生多數和少數。在這種情況下，雖然兩個群組都吃到缺乏相互合作的苦頭，但少數族群的成員會受到更多的苦。難怪少數民族常尋求防禦性的隔離。

原因何在？假設在鎮上有八十個人是綠色和二十個人是藍色，每個人與其他人每星期互動一次。那麼對於綠色而言，他們大部分是跟本身群組裡面的成員互動，所以會相互合作。但是對於藍色，他們大部分的互動是與其他群組（綠色）的成員，因此導致懲罰性的相互背叛。結果，人數較少的藍色的平均分數低於人數較多的綠色的平均分數。即使每個群組傾向與自己的同類發生關聯，這種效應仍將成立。理由是因爲如果藍色少數族群和綠色多數族群會面的次數一定，那麼少數族群總互動的比例會超過多數族群的總互動次數（賴蒂納〔Rytina〕與摩根〔Morgan〕，一九八二年）。結果是，「標籤」加深刻板印象的定見，使得每個人受到傷害，而少數族群受害更重。

標籤也帶來另一個效應，就是支持地位層級。舉例來說，假定每個人都有些特徵，如身高、體力或膚色，可以很容易觀察到和造成兩個人之間的比較。爲了簡單起見，假設沒有對等的情況，這樣當兩個人相逢時，一方某項特徵明顯較多，另一方較少就很清楚。現在假設每個人對其下位者都粗暴以待，對上位者則很溫馴。這種情形會穩定嗎？是的，這裡是一個例子。假設每個人遇到下位者時都採取以下策略：交替背叛與合作，一旦對方背叛（即使只背叛一次），就不會再次合作。霸道者就是如此，經常背叛，但絕不容忍對方的背叛。另外也假設每個人遇到上位者時，都使用這個策略：合作，除非對方連續背叛兩次，在這種情況下才不再合作。這是指一個溫馴者，容忍自己每隔一次當個笨蛋，但當連續被利用的次數超過一定限度時便不再容忍。

這種行爲模式之下，人們會基於可觀察得到的特徵建立地位層級。接近頂端的人表現很好，因爲他們幾乎稱霸在每個個體之上。相反地，底部附近的人則表現不佳，因爲他們幾乎對所有人都溫馴以對。我們可以很容易理解，爲什麼靠近社會結構頂端的人會感到滿意，但是靠近底部的人能靠一己的力量改變這種情況嗎？

其實並沒有。原因是，當折扣參數足夠高，每隔一次被霸道者欺負後，最好自己服藥療傷，而不是加以背叛，然後陷入無休止的懲罰。②因此，一個在社會結構底層的個體是被困住了。他或她的表現差勁，但若試圖打破體制會更糟糕。

孤立反抗之所以徒勞無功，是因爲對方策略不動如山的結果。地位低的人如果反抗，其實會造成兩敗俱傷。如果地位較高的人受到脅迫時可能會改變行爲，那麼地位較低者在考慮反抗時，就應考慮到這個事實。但是，這種考慮會使得地位較高者擔心本身名聲的堅定性。爲了研究這類現象，我們得看看名聲的動態。

## 名聲和嚇阻

一個人的名聲會體現於其他人對其所用策略的信念。名聲建立的基礎，通常來自對此人與別人互動時所作所爲的觀察。例如，英國決心奪回遭到阿根廷入侵的福克蘭群島(Falkland Islands)，此舉肯定會強化英國「會被激怒的」(provocable)名聲。其他國家觀察到英國的決定之後，可推論這個國家日後可能會怎樣回應他們的舉動。尤其是西班牙推論英國對直布羅陀（Gibraltar）的承諾，以及中國推論英國守住香港的決心。這些推論是否正確是另一回事。重點是，當第三方在看的時候，當前形勢的利害關係就不只是眼前的局勢而已，而會擴大到當前的抉擇會對參與者名聲造成什麼樣的影響。

聽聞他人的名聲，讓你在得做出第一個抉擇之前，就能了解他們採用的策略。這種可能性凸顯出，確知對方與你對局時將採何種策略會多有價值的問題。不管是什麼資訊，若要衡量這個資訊的價值，有個辦法就是衡量你有這種資訊時，表現可以比沒有時好多少（雷法〔Raiffa〕，一九六八年）。因此，你在沒有這種資訊時做得愈好，就愈不需要這種資訊，它的價值也就愈低。舉例來說，在兩輪囚徒困境競賽裡，以牙還牙不知道對方使用的策略，照樣也做得很好。只有在少數情況下，知道對方的策略可讓參與者大幅改善表現。例如，如果已知對方的策略是以一牙還二牙（只有在對方前兩次都背叛後才背叛），使用交替背叛與合作就可能比以牙還牙表現更好。但是，在任一輪競賽裡，可以利用的策略都不多，所以事先知道對方的策略對你超越通用的以牙還牙策略，並無幫助。事實上，由知道對方的策略可以獲得的微薄收益，不過是另外一個衡量以牙還牙穩健性的指標。

關於資訊的價值問題也可以反過來看：對方知道你策略的價值（或代價）是什麼？答案當然完全取決於你所使用的策略。如果你使用的是可利用的策略，如一牙還二牙，代價將非常可觀。在另一方面，如果你使用的策略是最好以全面合作因應，那你可能會很高興對方知道你的策略。例如，如果你使用的是以牙還牙，你會很樂意對方了解這個事實，並且據此調適，當然，未來的影響必須夠大，善良的策略才會是個好策略。事實上，正如前面已經說過的，以牙還牙的優點之一，在於它很容易在賽局過程中被認出來，即使使用它的參與者還沒有建立自己的名聲。

以牙還牙策略的堅定名聲對於採用這個策略的人是有利的，但其實不是最理想的名聲。最理想的是擁有「霸道者」的名聲。這類名聲當中，最好的是極力壓榨對方、但不容忍對方任何形式的背叛。壓榨對方最有效的方式是經常背叛，頻繁到對方寧可時時合作，而不是時時背叛。而且鼓勵對方合作最好的方式，便是讓對方知道一旦背叛（即使只有一次），你將再也不會合作。

幸好，霸道者的名聲建立不易。要成爲霸道者，你必須大量背叛，這意味著你很可能引起對方的反擊。在你打響名聲之前，便可能捲入非常沒有意義的角力之中。例如，如果對方背叛，即使只有一次，你會苦惱究竟該堅守想建立的名聲，強硬以對，還是為當前的互動恢復友好關係。

更糟糕的是，對方可能也想要建立這種名聲，基於這個原因，可能不會原諒你賴以建立本身名聲的背叛行為。當兩人都試圖建立這種未來賽局，以便用來對付對方的名聲，他們的互動關係會很輕易地陷入萬劫不復的漩渦，變成長期你來我往的相互懲罰。

每一方都有假裝沒注意到對方正試圖做些什麼的誘因。雙方都希望擺出不受調教的架式，以免對方企圖欺負。

囚徒困境競賽顯示，要擺出不受調教的架式，有個好辦法是以牙還牙的策略。這個策略的完全單純性，讓它容易維持固定的行為模式。而易於辨識的特性也讓對方很難一直對它忽略下去。以牙還牙策略可以有效地保持堅定，讓**對方**去做調整。它拒絕他人的霸道行為，但自己完全不會欺凌他人。如果對方確實根據這個策略加以調適，結果可以相互合作。事實上，名聲建立之後就會產生嚇阻的效果。

建立名聲的目的之一在於，讓你可以藉由可信的威脅達成嚇阻效果。你堅持會採取某一種回應，但其實如果眞的情況發生，你絕對不會想要這麼做。美國當年威脅蘇聯，要是膽敢拿下西柏林，不惜發動大戰對抗，因此成功地嚇阻蘇聯。爲了讓這種威脅具有可信度，美國不惜短期的代價，積極爲國家建立說到做到的名聲。

美國政府在一九六五年決定對越南派出作戰部隊時，就是出於這個用意。國際安全事務助理部長約翰·麥克諾頓（John McNaughton）呈給國防部長羅伯特·麥納馬拉（Robert McNamara）的祕密備忘錄之中，充分呈現維繫這個名聲的重要性，他將美國軍隊進駐南越的目的定義爲：

> 美國目的：
> 百分之七十——避免美國失敗的屈辱（對我們作爲捍衛者的名聲）。
> 百分之二十——以免南越（和鄰近）領土落入中國人的手裡。
> 百分之十——讓南越人民享有一個更美好、更自由的生活方式。（轉引自希恩〔Sheehan〕和肯沃西〔Kenworthy〕，一九七一年，第四三二頁）

建立強硬名聲以維護嚇阻的力量，不僅在國際政治事務中非常重要，在政府的許多國內職能也是如此。雖然本書闡述的內容主要是在沒有中央權威的情況下，但這套框架其實適用於許多涉及權威的地方。原因是，即使是最有效能的政府，也不能把公民遵守法令視爲理所當然。相反地，政府與被管轄者有策略性的互動，而這些互動往往是重複囚徒困境的形式。

## 政府與被管轄者

政府必須威嚇公民以免他們違法。例如，要有效地收稅，政府就得維繫他們會起訴逃稅者的名聲。政府調查和起訴逃稅者的支出經常超過罰鍰獲得的收入。政府的目標當然是捍衛他們會追捕和起訴逃稅者的名聲，以嚇阻任何人未來逃稅的打算。收稅的道理和各種型態的治安並無不同：政府有能力且願意對當前的議題投入不成比例的資源，以捍衛其強硬的名聲；而這樣的名聲則是維繫公民守法行爲的關鍵。

以政府和其公民的情況來說，社會結構有個單一的中央角色和許多外圍角色。另外一個相當的社會結構，則是像壟斷者的型態，試圖嚇阻其他廠商進入市場。帝國試圖嚇阻各省造反，也是一個類似的例子。在各種情況下，關鍵在於捍衛堅定不移的名聲，以避免有人出面挑戰。為了要保持這種名聲，在碰到特定議題時，很可能得以與問題利害關係不成比例的強硬手法來處理這樣的挑戰。

政府再強大，也無法強制執行所有的法規。為求效率，政府必須引導大多數的公民守法。要做到這一點，則需要制定和執行規章，這樣大多數公民就值得在大多數的時候守法。工業污染管制就是這個基本問題的一個例子。

正如蕭爾茨〔Scholz〕（一九八三年）建立的模型所示，政府主管機關和受管理的公司，彼此處於重複囚徒的困境之中。公司在任何時候都會面臨究竟是自願遵守規則，還是規避的抉擇。主管機關對於特定企業執法時，則會面臨究竟要採取有彈性、還是採取威嚇的模式。

如果主管機關有彈性的執法，公司也遵守規章，那麼雙方都受益於相互合作。主管機關受益於公司遵守規定，公司受益於主管機關的彈性執法。雙方避免了昂貴的執法和訴訟程序。社會還因為公司充分守法的代價低而受惠。但是，如果企業規避、而且主管機關強制執法，雙方都因為法律訴訟的關係而受到懲罰的代價。如果主管機關採用有彈性的執法政策，又可能懲罰不到規避者，公司還面臨規避的誘惑。而主管機關面臨的誘惑則是，爲了獲得執法的好處，就算執法代價高昂得不合理，仍不惜對守法的企業施以嚴苛的執法模式。

主管機關可採以牙還牙這類的策略，讓公司有誘因自願遵守法規，從而避免強制執法的報復。在收益和折扣參數適當的條件下，監管主管機關和受監管者之間，可以保持一種對社會有益的關係，雙方周而復始地自願遵守法令以及有彈性地執法。

蕭爾茨介紹的政府和被管轄者之間的互動模型，有個新的特色：政府對於強勢的標準有了其他的選擇。例如，若要設置強硬的污染標準，會使得規避的誘惑變得很大。另一方面，設置非常寬鬆的標準，將意味著允許更多的污染，從而減少了主管機關實現自願遵守可得的相互合作收益。箇中訣竅在於，標準的嚴格程度應足以獲得規範大部分社會的好處，但又不至於過高，以免幾乎全體公司都自願遵守的穩定模式出現變化。

除了制訂和執行標準，政府經常也得解決私人之間的糾紛。離婚案件就是個很好的例子，法院裁決子女的監護權屬於一位家長，並要求另一位家長必須負擔兒童的撫養費用。這種解決方式最爲人詬病的就是，後續撫養費用的支付經常是不可靠的。爲了這個原因，有人建議，對未來的雙親之間的互動賦予互惠性質，如果一方不按期支付撫養費，監護方得以收回其探視權（努金〔Mnookin〕與科恩霍伊澤〔Kornhauser〕，一九七九年）。這項提案將可能置雙親於重複囚徒困境，並讓他們基於互惠原則制定合適的策略。希望雙親因此找出穩定的合作模式，基於互惠原則，以穩定的扶養金交換定期探望的權利，從而讓孩子受惠。

政府的互動對象不僅是本國公民而已，也會與其他政府產生關聯。在某些情況下，每個政府都可和任何其他政府進行雙邊互動。國際貿易的控制就是一個例子，例如一個國家可對他國進口實施貿易限制，作爲不公平貿易行爲的報復。但是我們尚未考慮到政府一個有趣的特點，就是他們是基於特定的領土。在純領土的體系之中，每個參與者只有少數幾個鄰居，並且只與這些鄰居互動。這種社會結構類型的動態特性是下一節的主題。

## 領土

國家、企業、部落和鳥類都是通常在特定領土內運作的例子。他們與鄰居互動的機會，遠遠超過與遠方個體的互動。因此，他們的成功在很大程度上，取決於與鄰居互動的表現好壞上。但鄰居還有另外一種功能。鄰居可以作爲榜樣。如果表現不錯，他們的行爲會爲人仿效。以這種方式，成功的策略可以傳遍整個人口，從鄰居到下一個鄰居。

我們可以用兩種完全不同的方式來看待「領土」。一種是以地理和實體空間的方式。例如，壕溝戰和平共存系統可能從前線某處傳播到鄰近地區。另一種是從特徵的抽象空間來看待領土。例如，企業可能在市場上行銷含有一定成分的糖和一定成分的咖啡因的飲料。這種飲料的「鄰居」（neighbors）是市場上糖和咖啡因含量多一點或少一點的其他飲料。同樣的，政治候選人對於自由／保守和國際主義／孤立主義的立場，可能各有不同的尺度。如果選舉中有許多候選人競爭，候選人的「鄰居」是指那些具有類似立場的候選人。因此，領土可以是抽象的空間，也可以是地理空間。

殖民地化除了模仿的機制之外，同時也提供一種機制，讓成功的策略從一個地方傳播到另一個地方。如果策略較不成功的地方爲鄰居比較成功的後代取代，就會出現殖民地化。但是無論策略的傳播是透過模仿，還是殖民地化，其實箇中道理都是一樣的：鄰居彼此互動，以及最成功的策略會傳播到周邊地區。個人的位置不變，但其策略可以四處傳播。

為了便於分析，這個過程必須正式化。且看這個例子的說明，在一個簡單的領土結構之中，整個領土的劃分方式是每個參與者都有四個鄰居，一個在北，一個在東，一個在南和一個在西。在每一「代」(generation)，每個參與者得到一個成功分數，這是根據他與四個鄰居互動的平均表現衡量的。之後如果一個參與者有一個或多個鄰居更成功，參與者會轉採其中最成功的策略（或如果最成功的鄰居有平局情況，則隨機挑選其中之一）。

領土社會結構有許多有趣的特性。其中之一是，在領土結構之下的策略可以自我保護，免於新策略的取代；而且輕易的程度不下於非領土的結構。要了解它如何作用，穩定的定義必須加以擴大，把領土體系也納入其中。回憶一下第三章所言，一個策略如果得分高於所處環境的人口平均分數，便可入侵另一個策略。換言之，如果有個個體採用新的策略，和當地個體互動時的表現，優於本地個體與當地另一個體互動時的表現，那麼就能入侵當地的人口；如果當地人口的策略不受任何其他策略所侵，那麼這個本地策略便可說是集體穩定的。③

爲了將這些概念延伸到領土體系，假設使用新策略的單一個體被引入某個鄰近地區，這裡每個人都使用一個本地策略。如果該地每個人最後都轉採新的策略，那麼我們可以說新的策略**「領土」性地**(territorially)**入侵**這個本地策略。如果當地策略不受任何其他策略「領土」性地入侵，那麼我們可以說本地策略是**「領土穩定」的**(territorially stable)。

所有這一切導出一個相當有力的結果：對一個策略來說，「領土穩定」不比「集體穩定」難。換句話說，在領土性的社會系統裡面，策略自我保護、以免爲入侵者接管所需要的條件，不會比在每一個人都有同樣機會遇到任何其他人的社會體系更加嚴格。

**命題8**：如果一個規則是集體穩定的，那麼便是領土穩定的。

這一命題的證明提供了一些洞察領土系統動態的機會。假設有個領土系統，其中除了某個個體使用新的策略之外，大家都在使用一個集體穩定的本地策略。這種情況如圖三所示。現在想想看新來的鄰居有沒有理由轉採新來者的策略。由於本地策略是集體穩定的，當新來者周遭都是本地人時，得分不會好過本地人在其他本地人包圍時的得分。而新來者的每一個鄰居事實上有一個也是本地人的鄰居，這個鄰居完全由其他本地人包

| | | | | |
|---|---|---|---|---|
| B | B | B | B | B |
| B | B | B | B | B |
| B | B | A | B | B |
| B | B | B | B | B |
| B | B | B | B | B |

**圖三：一個領土社會結構的一部分，其中只有一個突變種**

圍。因此，新來者的鄰居當中，沒有任何一個會覺得新來者是值得仿效的、最成功的鄰居。這麼一來，新來者所有鄰居都將保留各自的本地策略，或是換湯不換藥，轉採某個本地鄰居的策略。因此，新的策略不能在策略集體穩定的人口之中傳播，所以一個集體穩定的策略也是領土穩定的。

這一命題，集體穩定的策略也是領土穩定的，說明了在一個領土系統裡面，保護以免於入侵的容易程度至少跟自由混合的系統一樣。言外之意是，在領土系統裡面，相互合作可爲善良的規則維繫下去，而且折扣參數相對於收益參數大小的條件，相較於讓善良規則具集體穩定性的所需條件，也不會來得大。

即使具備領土社會結構以保持穩定性，善良的規則也未必是安全的。如果未來的影響力夠弱，即使有領土性（territoriality）的幫助，也沒有任何善良策略可以抵禦入侵。在這種情況下，入侵過程的動態有時非常複雜，而且很有意思。圖四顯示了一個這種錯綜複雜的樣式。它代表的情況是：總是背叛的單一參與者入侵個體使用以牙還牙的領土人口。在這種案例裡面，誠如折扣參數 $w = 1/3$ 這麼低的數值所示，未來的影響力已相當薄弱。四個收益參數值已經選定，以說明可能有的複雜性。在這種案例裡面，$T = 56$，$R = 29$，$P = 6$，和 $S = 0$。④利用這些數值，圖四顯示了第一、七、十四和十九代之後發生的情況。壞蛋殖民了原本的以牙還牙人口，形成了一個邊界漫長、繞過眾多合作者的驚人模式。

審視領土性的效應另外還有一個辦法，那就是探討當參與者採用各種精密度或多或少較爲複雜的策略時會怎麼樣。有個現成的方式是用第二輪電腦競賽的六十三種不同規則。每個規則分配到四塊領土，產生的參與者數目剛好可以塡補一個十四格高和十八格寬的空間。爲了確保每一個仍然都有四個鄰居，可將其看作是自己包在一起的形狀。例如，方形的最右側有一個鄰居位於對應方形的最左側。

要看看當參與者採用多樣、且精密度或多或少較爲複雜的策略時會怎麼樣，這個過程一次只需模擬一代。競賽的結果爲每個規則與任何特定鄰居對局時可能的分數，提供了必要的資訊。領土的得分是它與四個鄰居規則對局所得分數的平均值。每個領土的分

圖四：壞蛋在以牙還牙的人口之間傳播

初始狀況

第一代

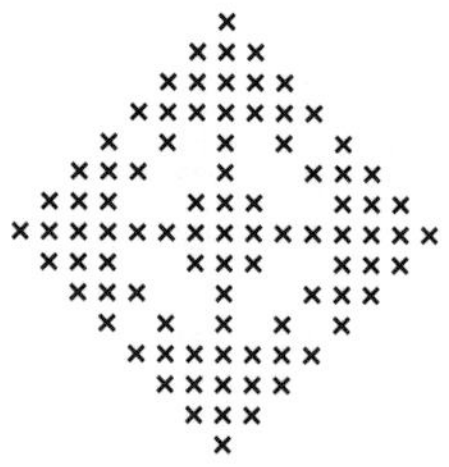

第七代

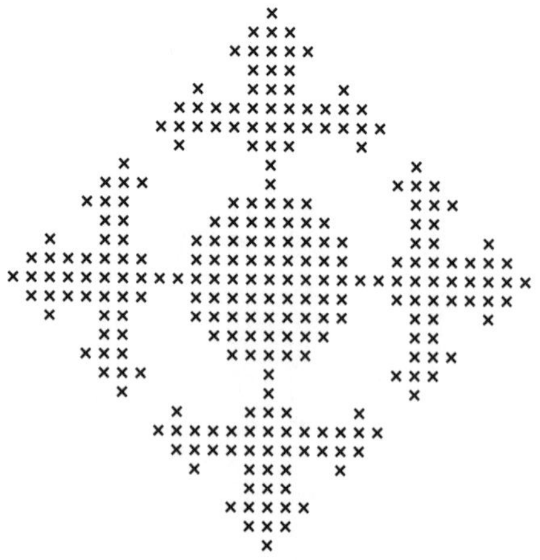

第十四代

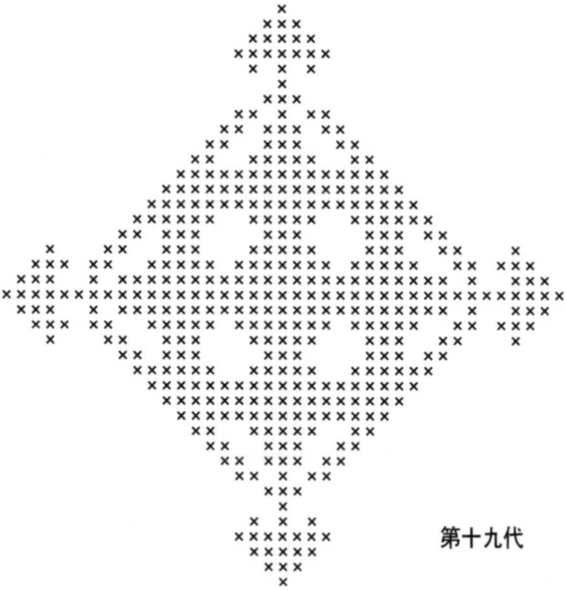

第十九代

說明：×＝總是背叛；空白＝以牙還牙

數一旦底定，就會展開轉換過程。每個領土若有更成功的鄰居時，就會轉到鄰居最成功的規則。

爲求確定這些結果對過程開始時特定隨機配置不是太過敏感，整個模擬會重複十次，每次使用不同的隨機配置。每次模擬由一代進行至下一代，直到沒有進一步的轉換。整個過程共花了十一代至二十四代。在每一種情況下，只有當所有不善良的規則都被消除時，過程才停止演化。只留下善良的規則，大家總是與

### 圖五　在領土系統裡最終人口的例子

| | | | | | | | | | | | | | | | | | |
|---|---|---|---|---|---|---|---|---|---|---|---|---|---|---|---|---|---|
| 6 | 6 | 6 | 1 | 44 | 44 | 44 | 44 | 44 | 6 | 6 | 7 | 7 | 6 | 7 | 6 | 6 | 6 |
| 6 | 1 | 31 | 1 | 1 | 44 | 44 | 44 | 44 | 3 | 6 | 3 | 6 | 6 | 6 | 6 | 6 | 6 |
| 6 | 6 | 31 | 31 | 1 | 1 | 1 | 1 | 1 | 1 | 3 | 3 | 3 | 52 | 52 | 6 | 6 | 6 |
| 6 | 1 | 31 | 31 | 31 | 31 | 31 | 31 | 31 | 31 | 31 | 3 | 3 | 6 | 6 | 6 | 6 | 6 |
| 6 | 9 | 31 | 31 | 31 | 31 | 31 | 31 | 31 | 31 | 31 | 31 | 3 | 6 | 6 | 6 | 6 | 6 |
| 6 | 31 | 31 | 31 | 31 | 31 | 31 | 31 | 31 | 31 | 31 | 31 | 31 | 6 | 6 | 6 | 6 | 6 |
| 6 | 31 | 31 | 6 | 6 | 9 | 31 | 31 | 6 | 9 | 41 | 31 | 31 | 6 | 6 | 31 | 31 | 6 |
| 6 | 31 | 31 | 6 | 6 | 9 | 9 | 9 | 6 | 41 | 41 | 31 | 4 | 31 | 31 | 31 | 31 | 6 |
| 6 | 31 | 31 | 9 | 9 | 9 | 9 | 9 | 6 | 41 | 41 | 41 | 41 | 31 | 31 | 31 | 31 | 31 |
| 6 | 31 | 6 | 9 | 9 | 9 | 6 | 6 | 6 | 41 | 41 | 41 | 17 | 31 | 31 | 31 | 31 | 31 |
| 6 | 6 | 9 | 7 | 9 | 9 | 6 | 6 | 6 | 41 | 41 | 41 | 41 | 31 | 31 | 31 | 31 | 7 |
| 6 | 6 | 7 | 7 | 7 | 6 | 6 | 6 | 9 | 41 | 41 | 7 | 7 | 7 | 7 | 7 | 7 | 6 |
| 6 | 6 | 7 | 7 | 7 | 6 | 6 | 6 | 6 | 41 | 6 | 7 | 7 | 7 | 7 | 7 | 7 | 6 |
| 6 | 6 | 7 | 7 | 6 | 6 | 44 | 6 | 6 | 6 | 6 | 7 | 7 | 7 | 7 | 6 | 6 | 6 |

說明：在每個位置的號碼表示策略在第二輪的電腦囚徒困境競賽的排名。
例如 1＝以牙還牙，和 31＝耐迪吉 (NYDEGGER)。

其他人合作，不再轉換。

圖五顯示一個典型最終樣式的例子。在這一穩定的策略樣式中，有一些顯著的特徵。首先，倖存的策略通常成群組合成不同大小的區域。原本隨機分散配置的初始人口在很大程度上，會讓位給相同規則構成的區域，這些區域有時相隔相當距離。然而，也有一些非常小的區域，甚至由一個領土組成的區域包在兩個或三個不同的區域裡面。

倖存下來的規則在競賽中得分往往不錯。例如，以牙還牙在最後人口中平均出現十七個（開始模擬時都只有四個）。還有其他五個規則在最後的人口中更具代表性。其中最好的一個規則是由魯迪・耐迪吉（Rudy Nydegger）提交的，它在參與循環競賽的六十三個規則中，僅排名第三十一。在領土系統裡面，它最後平均有四十名追隨者。因此，在循環競賽時排名中間的規則，是二度空間領土體系中迄今最成功的規則。怎麼會這樣？

這個規則的策略本身很難分析，因爲它是基於一個複雜的查表計畫，用前三次結果來決定下一步做什麼。但規則的表現可以分析，根據它與每個可能遇上的規則實際對局時的表現來分析。就跟其他存活下來的規則一樣，耐迪吉從未第一個背叛。但它的獨特之處是，當對方首先背叛時，耐迪吉有時能夠獲得對方的「道歉」（apologize），使耐迪吉最終獲得比如果只是相互合作更高的成績。在二十四個不善良的規則中，這種情況出現五次。在循環競賽中，這種策略無法讓它做得非常好，因爲耐迪吉遇上不善良的規則時也常捲入麻煩。

在領土系統裡面，運作方式則不一樣。耐迪吉讓五個不善良的規則道歉，贏得了許多鄰居的轉換。當比鄰耐迪吉的規則中有一個是道歉者，和其他三個是善良的規則時，耐迪吉可能做得比任何四個鄰居好，而且甚至比**它們的鄰居**更好。透過這種方式，它不但能夠改變道歉者，而且能夠轉換其他部分或所有鄰居。因此，在基於模仿擴散的社會系統，能夠取得卓越的成功會帶來很大的優勢，即使這意味著平均成功率不是很突出。這是因為卓越的成功贏得了許多轉換。耐迪吉是善良的事實，意味著它避免了不必要的衝突，在不善良的規則遭到消滅時，它們還是屹立不搖。耐迪吉的優勢基礎在於它引導五個規則卑下地道歉的事實，其他善良的規則充其量只能引出另外兩個規則的道歉。

領土系統以非常生動的方式顯示，參與者之間的互動可以影響演化的發展過程。現在我們已經從演化的角度分析過多種結構，當然還有許多其他有趣的可能性有待分析。⑤這本書中研究的五種結構，每一種都揭示了合作演化不同的面向：

一、隨機混合被用來作為結構的基本類型。循環競賽和理論命題展示了，基於互惠的合作就算處於社會結構最微乎其微的環境中，照樣可以怎樣地蓬勃發展。

二、參與者群集經過研究之後顯示，合作的演化一開始可以怎樣展開。雖然新來者在整個本地人環境中的比例極小，群集讓新來者至少有些機會可以遇上別的新來者。即使新來者大部分是與不合作的本地人互動，一小群使用互惠策略的新來者還是可以入侵壞蛋人口。

三、當參與者除了過去從彼此互動所得的資訊之外，對彼此更加了解時，人口就會開始出現區分。如果參與者有標籤顯示他們的成員身分或個人屬性，定型成見和地位等級便得以發展。如果參與者可以觀察到彼此與他人的互動，就能建立名聲；而名聲的存在可以創造一個以致力嚇阻霸道者爲特徵的世界。

四、就敦促大多數公民遵守法規而言，政府本身也有策略方面的問題。這個問題不但是在特定情況下，該選擇什麼策略才有效，而且也關係到如何設定標準，才能兼具吸引公民遵守，以及對社會有利。

五、領土系統經過研究後顯示，如果參與者只與鄰居互動、和模仿比他們更成功的鄰居，會發生什麼情形。研究顯示，他們與鄰居的互動，可以使特定策略的傳播形成很有意思的模式，而且這些在某些環境中得分特別好的策略，即使在其他環境中表現不佳，還是能夠蓬勃成長。

試新的事物。在遺傳生物學，變種來自突變和每一代的基因重組。在社會過程中，可以由「試誤」(trial and error)學習中的「嘗試」(trial)引進變化。這種學習可能會、也可能不會反映高度的智慧。新的行爲模式可能獲得採用，只是爲了作爲行爲舊有模式的隨機變化，或可能根據以往經驗，以及日後怎樣做可能最爲理想的理論，特地建造起來的。

研究人員爲了了解演化過程的不同面向，更採用各種不同的方法論工具。有一組問題探討演化過程最終的目的地。爲了研究這一點，於是採用集體(或演化)穩定的概念，探討演化過程會在何處停下來。他們想要藉此判斷，哪些策略如果爲每一個個體所使用，便不會遭到其他規則的入侵。這種方法的優點是，可以明確說明哪類策略可以自我保護，以及這種保護在什麼條件下是可行的。例如，結果顯示，如果未來的影響力夠大，「以牙還牙」策略會是集體穩定的，而「總是背叛」策略在所有可能的條件下都是集體穩定的。

「集體穩定」的方法的力量在於，**所有**可能的新策略，無論是共同策略的輕微變種或完全新的思維，都能納入考量。「穩定性方法」的限制是，它只是告訴我們一旦成立後什麼將會持續下去，但並沒說什麼會先成立。由於許多不同的策略一旦在人口之中成立之後，就會具備集體穩定性，所以了解一開始哪些策略可能成立是很重要的。要了解這一點，我們需要一套不同的方法論。

要探討一開始哪些策略可能先獲得確立，重點必須放在人口中可能立即發生哪些變化。爲了掌握這樣的多樣性，於是採用競賽的辦法。這項競賽本身鼓勵提出複雜的策略，在第一輪競賽中徵求到專業賽局理論家的作品。另外藉由讓新加入者都知曉第一輪競賽的結果，確保第二輪參加的策略獲得進一步改善。因此，新想法無論是作爲舊想法的改進，或作爲可能獲致最佳效果的全新概念，都能參加競賽。然後分析在這個多樣化的環境中，哪些實際上的表現會最好。這樣分析多樣環境中哪些策略可能效果最爲理想，而且會對哪一種策略可能蓬勃成長透露許多資訊。

由於這一過程完全建立起來可能需要相當長的時間，所以採用另一種技術來研究社會環境變化時策略前景的變化。這種技術是一種生態分析，計算如果每一代出現頻率的成長與上一代策略的成功成比例，會發生什麼情況。這是一種生態方法，因爲它沒有引入新的策略，而是判斷競賽之中各項參賽策略在數百代後的結果。它允許分析開頭成功的策略在表現欠佳的策略退場之後，是否仍然能夠繼續取得成功。在每一代裡面，成功策略的成長可能是因爲該策略使用者的生存和繁殖能力更好，或因爲他人模仿的機率更高。

領土分析跟生態分析有關，探討如果第二輪競賽的六十三個策略分散在領土結構之中，參與者在每個位置上會和四個比鄰位置上的鄰居互動，會發生什麼情況。在領土系統裡面，決定成功的是本地的狀況。每個位置會接納最成功的鄰居的策略。正如生態模擬，比較成功的策略的成長可以歸功於更好的生存和繁殖，或有更大機會被其他人模仿。

爲求應用這些演化的分析工具，我們需要一種方法以確定，任何特定策略怎麼能夠和任何其他特定的策略對局。在簡單情況下，可以用代數計算出來，就跟了解「以牙還牙」遇上「總是背叛」時會有什麼樣的表現一樣。在比較複雜的情況下，就跟進行電腦囚徒困境競賽一樣，可透過互動模擬和累計總收益計算出對局結果。在競賽之中變動賽局長度，把時間折扣和互動結束點不確定的要素納入考量。將兩個策略之間互動多次重複的結果求出平均值，可以消除有些策略因爲或然率本質受到的影響。

這些演化分析工具可以用於任何社會環境。在這本書中，這些工具是應用在一種特定的社會環境，以掌握合作的基本困境。當每個參與者可以幫助其他參與者時，就會形成合作的潛力。當這種幫助的代價十分昂貴時，就會產生兩難的困局。當從其他參與者合作的獲益大於自己合作的成本時，就會發揮相互合作獲益的機會。在這種情況下，雙方都會偏向相互合作，捨棄相互不合作（所謂的背叛）。但是，如願以償的局面可沒那麼容易。原因有二。首先，即使短期內對方不幫助可以得到更好的成績，你還是得得到對方的幫助。其次，任何能夠得到的幫助你都想要，而代價高昂的助人之舉，自己又不想付出。①

合作理論的主要結果令人鼓舞。結果顯示，即使在沒有任何其他人會合作的世界，只要一小群的個體準備回報合作，都可以展開合作。分析還顯示，合作蓬勃發展有兩個關鍵性的必要條件，一是以互惠爲基礎，二是未來得具備舉足輕重的影響力，程度足以讓這個互惠穩定。但是，基於互惠的合作在人口之中一旦底定，便能自我保護，免受不合作策略的侵略。

看到合作得以展開、得以在多樣的環境中蓬勃發展，而且一旦建立之後還能保護自己，著實讓人感到振奮。但最有意思的是，假設之中對於個體或社會環境的要求幾乎微不足道，便能締造這些成果。個人不必是理性的：就算參與者不知道該怎麼做，成功的策略照樣會在演化的過程中茁壯。參與者也不需要交換資訊或承諾：他們不需要言語，因爲行動說明一切。同樣地，也沒有必要假設參與者之間彼此信任：互惠的運用足以讓背叛不值得產生。利他主義是沒有必要的：成功的策略能促使利己主義者合作。最後，中央威權力量也沒有必要：基於互惠的合作能夠自理。

但是，合作的成局、成長和維持的確需要個體和社會環境的相關假設。個體得能辨識（recognize）以前曾經互動過的參與者，也得能夠記得（remember/recall）與對方之前的互動歷史，才能回應（responsive）。事實上，這些辨識和記得的要求沒有乍看之下那麼強烈。即使是細菌，透過只與一個其他生物體互動，和使用如以牙還牙之類每次只回應對方最近一步的策略，照樣也能達到這個條件。如果細菌可以參與賽局，人和國家也可以。

合作要能穩定，未來必須具備舉足輕重的影響力。這意味著相同的兩個個體下一次對局的重要性必須夠大，使得在對方是可激怒的（provocable）時，足以讓背叛這個策略無利可圖。兩位參與者再次對局的機會得夠大，而且他們對下一次對局的重要性不會大打折扣。例如，第一次世界大戰壕溝戰期間，敵對雙方的小部隊在無人戰區對峙時之所以能夠達成合作，原因在於這相同的兩個小單位接觸的時間夠長，因此如果一方打破默契，那麼另一方就會回擊報復。

最後，合作演化的條件需要成功策略得以蓬勃成長，以及所使用的策略中有個變異的來源。這些機制可以是古典達爾文的適者生存和突變，但也可以包含比較特意進行的過程，如模仿成功的行爲模式，和智慧地設計新的策略思維。

要讓合作得以開展，還需要一個條件。問題是，在無條件背叛的世界，個體提供的合作除非周遭的其他人會以合作回報，否則是不可能成功的。另一方面，在具備區別能力的個體組成的群集之中，只要他們彼此互動，就算所占比重微乎其微，合作還是能夠崛起。所以有些群集的個體得採用具備這兩個特性的策略：策略是先合作，然後區別哪些策略會予以回應，以及哪些則否。

合作演化的條件會辨別哪些是必要的，但它們本身不會辨別哪些將是最成功的策略。對於這個問題，競賽方法提供了驚人的證據，顯示參賽作品中最簡單的策略（以牙還牙）以穩健之姿獲勝。以牙還牙策略會先合作，然後在後面一路都是跟著對手上一步的行動，這套策略在各式各樣、或多或少較爲複雜的決策規則當中，都有不錯的表現。它不但在第一輪電腦囚徒困境競賽（有賽局理論專家作品參與）中贏得冠軍，在第二輪電腦囚徒困境競賽中——六十多項參賽作品事先已獲知第一輪競賽結果（亦即能把第一輪的競賽結果列入考量）——依然連莊。而且在第二輪競賽的六項主要變化賽中，它還贏得其中五項（第六項獲得第二名）。而最令人印象深刻的是，它的成功不是只靠擊敗表現不佳的策略。在一場假設的未來競賽生態分析中顯示了這一點。在這個數百輪的模擬競賽中，以牙還牙是最成功的規則，表示面對好的規則和壞的規則，它都有很好的表現。

以牙還牙以穩健之姿獲得成功，是因爲它是善良的、可激怒的、寬容的和明確清晰的。它的善良意指它從未第一個背叛，這個特性讓它避免捲入不必要的麻煩。這種策略會勇於報復，足以嚇阻對方，偶爾背叛之後不敢再繼續下去。它的寬容有助於恢復相互合作。而它的清晰度使得對方可以輕易辨識其行爲模式；並且一旦辨認出來，對方便可輕易看出和以牙還牙策略交手時，合作才是上策。

以牙還牙的成功雖然具備穩健性，但稱不上是重複囚徒困境之中的理想策略。一方面，以牙還牙和其他善良的規則要有效力，未來的影響力就得夠大。但是即使未來的影響夠大，也沒有任何所謂的理想策略可以獨立於他人的策略之外。在一些極端環境中，就算以牙還牙的表現也不好——譬如這種情況：沒有足夠的人會永遠回報以牙還牙最初選擇的合作。而且以牙還牙也有策略上的弱點。例如，如果對方背叛一次，以牙還牙將始終回應背叛，然後如果對方也做同樣的反應，結果將是無休止的交互背叛。從這個意義上講，以牙還牙不夠寬容。但另一個問題是，以牙還牙對於完全沒有反應的規則，如完全隨機的規則，又過於寬容。可以稱道的是，在一個多樣化的環境中，其他參與者爲求表現都採用設計多少較爲精密的策略時，以牙還牙的確表現出色。

如果一個善良的策略，如以牙還牙，最後幾乎被每一個人所採納，那麼採用者就能慷慨對待每一個人。事實上，採用善良規則的人口能夠自我保護免於單一個體的入侵，同樣也能保護自己免受任何使用其他策略的群集侵襲。

這些結果構成了一個合作演化的順序圖。合作始於小的群集，與善良的、可激怒的和有點寬容的規則對局時，可有亮麗的成績。這種具有區別能力的策略在人口之中一旦底定，使用者可以保護自己免受侵略。合作的整體水準趨於上升，而不是下降。換句話說，合作演化的機器是存有棘輪的。

從美國國會中互惠規範的發展便可看到這個棘輪的運作。如第一章所述，在早期共和國時代，美國國會成員以欺騙和背叛聞名。他們肆無忌憚，常常互相欺瞞。然而，多年以來，合作行爲模式成局並證明了它的穩定。這些模式是基於對等互惠的規範。

許多其他機構已經根據類似的情況發展出穩定的合作模式。例如鑽石市場便以買賣雙方的交易方式而聞名，數百萬美元價值的商品交易，只憑著口頭上的承諾和握手便算成交。關鍵因素是參與者知道他們彼此會一次又一次地交易。因此，任何企圖利用這一情況的行爲都是不值得的。

棒球裁判羅恩・盧西亞諾（Ron Luciano）的回憶錄中，便對這個原則有著非常精采的描述。他有時候也會有「狀況不好的日子」(bad days)。

> 過去一段時間，我對某些捕手產生了信任感，在狀況不好的日子，我會讓他們幫我裁判。不順遂的日子通常是跟著美好的夜晚而來……在這幾天當中，我除了吞兩顆阿司匹靈、盡量減少判球之外，也別無他法。如果有我信任的捕手……我會告訴他們：「瞧，我今天狀況很糟糕，你最好幫我判球。如果是好球，讓球多留在手套裡一兩秒。如果是壞球，立刻丟回去。還有拜託，別喊出來。」

這樣對捕手的依賴是可行的，因爲如果盧西亞諾懷疑被人占了便宜，大有進行報復的機會。

> 與我合作的人從來沒有人乘機利用這種情況，也沒有打擊手發現我在做什麼。而只有一次，當愛德華·赫爾曼〔Ed Herrman〕呼叫投球時，一位投手確實抱怨過一回。我微笑，笑出來，但一個字都沒有說。我很想，雖然，我眞的很想。（盧西亞諾與費雪爾〔Fisher〕，一九八二年，第一六六頁）

一般商業交易也根據這個想法——持續的關係使合作得以發展，不需要中央權威的協助。儘管法院確實對商業糾紛提供一個中央權威的解決管道，但是人們通常不會訴諸法律。有位採購代理商的說法反映出商業界這個常見的態度，他說：「如果發生了什麼事，你若還想繼續做生意，會打電話給對方，加以處理，而不是彼此引用合約條款。」（麥考利〔Macaulay〕，一九六三年，第六一頁）這種態度如此根深柢固，某大包裝材料製造商檢查紀錄後發現，公司有三分之二的客戶訂單都沒有訂定具法律約束力的合約（麥考利〔Macaulay〕，一九六三年）。交易公平性的保證並非來自法律訴訟的威脅，而是來自對未來互惠交易的期望。

當這種未來互動的期望破滅時，才會引用外界的權威。根據麥考利研究，母公司錯誤終止交易商的特許權，或許是商業界合約案件一路打到上訴法院最常見的情況。這種模式的衝突是有道理的，因爲一旦特許權結束，交易商和母公司之間預期不會再有進一步的互惠交易。當結束合作時，結果往往是昂貴的訴訟戰。

在其他情況下，相互酬報的關係變得司空見慣，以至於參與者之間的界線都變得模糊。例如，倫敦的勞埃德（Lloyd's）金融集團，一開始是由一小群獨立的保險經紀商組成的。因爲對單一保險經紀商來說，船舶及其貨物的保險是個很大的承諾，所以多家經紀商經常合作交易，分擔彼此的風險。由於互動頻率是如此之大，於是這些經紀商逐漸發展爲本身具備正式結構的聯合組織。

未來互動的重要性可爲機構的設計作爲指引。爲了幫助促進組織成員之間的合作，彼此的關係應具結構性，好讓特定個體之間可以頻繁且持久地互動。就如第八章中所討論的，企業和行政機構也往往是這樣的組織。

有時候，問題出在延遲合作、而不是促進合作。爲了避免商業勾結，而迴避可以促進合作的條件，便是一個這樣的例子。不幸的是，即使利己主義者之間也能輕易發展合作的事實顯示，防止串通勾結不是一件容易的事。合作當然並不一定需要正式的協議，甚至面對面的談判。基於互惠合作可以成局、並證明穩定的事實，反托拉斯活動應更注意預防會促進勾結的條件，而不是搜尋競爭企業的主管有無私下的祕密會晤。

例如，政府挑出兩家公司爲新的軍事飛機開發競標合約的做法。由於航太公司在一定程度上專精於空軍飛機或海軍飛機，因此具有相同專業的企業最後競標時，往往會面對面競標（阿爾特〔Art〕，一九六八年）。這種兩家特定公司之間的互動頻繁，使得暗中勾結比較容易達成。政府爲使暗中勾結更加困難，應想方法減少專精化，或彌補它的效應。好讓最後在競標中，專業相同的公司可望減少互動機會。這將使它們之間日後互動的價值相對減少，從而降低未來的影響力。如果下一個預期的互動十分遙遠，暗中勾結形式的互惠合作，將不再是一個穩定的政策。

在沒有正式的協議之下實現合作的可能性，在其他背景環境中有其光明的一面。例如，這意味著，軍備競賽控制的合作不必完全仰賴正式的條約談判機制。軍備控制也可以在默許的情況下發展。無疑地，美國和蘇聯都知道，雙方都得花上很長的時間處理這件事情，這個事實應有助於創造必要的條件。領導人未必喜歡對方，第一次世界大戰壕溝戰中，發展出和平共存系統的士兵也是如此。

有時候政界領導人可能有這種想法，不應尋求與另一個強權合作，更好的計畫當是迫使對方破產。這個企圖的風險更大，因爲對方的反應可能不只是停止正常的合作而已，也有強烈誘因，想在本身勢力削弱到無法逆轉的地步之前，將衝突升高。例如，日本在珍珠港的絕望豪賭，便是因爲美國以強大經濟制裁阻止日本入侵中國而爆發的（艾克〔Ike〕，一九六七年；浩所亞〔Hosoya〕，一九六八年）。日本並未放棄它重視的重要領域，而是在進一步被削弱之前，決定襲擊美國。日本知道美國強大得多，但研判制裁的影響累積下去最好是攻擊，而不是等待局勢變得更加絕望。

試圖迫使某人破產，使得參與者對未來的互動存有高度的疑問，因此改變了對時間的觀點。沒有未來的影響，合作變得不可能維持。因此，在維持合作方面，時間觀點的作用十分關鍵。當互動可能持續一段很長的時間，以及參與者都足夠關注他們的未來時，合作成局和維持的條件才會成熟。

合作的根本其實不在信任，而是關係的耐久性。當條件成熟，參與者可以透過各種方式達成相互合作；其中包括試誤學習彼此互惠的可能性、模仿其他成功的參與者，或甚至通過比較盲目的過程——選擇比較成功的策略和淘汰不太成功的策略。長遠來說，參與者是否相互信任的重要性，不如條件是否成熟到讓他們得以跟彼此建立穩定的相互合作模式。

未來對建立合作的條件是非常重要的，同樣地，過去也攸關於觀察實際的作爲。重要的是，參與者們能夠觀察和回應對方先前的選擇。沒有運用過去的能力，背叛可能不會受到懲罰，合作的誘因也會消失。

幸運的是，監視其他參與者之前行爲的能力無須完美。電腦囚徒困境競賽假設參與者對其他參與者先前的選擇具有充分的了解。然而，在許多情況下，參與者有時會誤解其他參與者做出的選擇。背叛可能不會被發現，或者合作可能被曲解爲背叛。爲了探討誤解的影響，第一輪競賽重新執行一遍，並且修改爲每一次選擇有被其他參與者百分之一誤解的機會。正如所料，這些誤解導致大量的參與者之間的背叛。教人驚訝的是，以牙還牙仍然是最好的決策規則。雖然它會因爲一個誤解陷入很多麻煩，導致與對手長期交互報復，但通常會因另一次誤解結束報復輪迴。許多其他的規則不太寬容，它們一旦遇到了麻煩，很少能夠跳脫。以牙還牙碰到對過去誤解時，仍然能夠有不錯的表現，因爲它可以很容易地原諒，從而有機會重新建立相互合作。

時間觀點的作用對機構的設計影響重大。在大型組織裡面，如企業和政府行政機構，管理人員往往大約每兩年就會被從一個職位調動到另一個職位。②這種做法給管理人員強大的誘因，想在短期內求表現，不管對組織的長遠後果如何。他們知道不久後將在其他職位，在以前的職位所做選擇的後果，不太可能在離開後歸咎給他們。以執行主管來說，當其中之一的任期將近結束時，這種現象會給予前後兩位管理人員相互背叛的誘因。因此，快速輪調的結果可能降低組織內的合作。

正如在第三章中指出的，政治領導人連任的機會似乎很低時，就會有類似的問題出現。將卸任的政治領導人變成跛腳鴨時，這個問題更加尖銳。從公眾的觀點來看，政治人物職業生涯光環結束時非常危險，因爲尋求私人目標的誘惑增加，而不是與選民維持合作模式，以達成雙贏目標。

由於政治領導人的更替是民主控制的必要組成部分，這個問題必須以另一種方式解決。在這裡，政黨是有用的，因爲對他們被選出的成員的行爲，公眾可以追究政黨的責任。選民和政黨是在一個長期的合作關係，這使政黨有誘因，選擇不會濫用職責的候選人。如果某個政治領導人被發現屈服於誘惑之下，選民可以在下屆選舉時，把這件事列入評估同一政黨其他候選人的考量。水門事件後，選民對共和黨候選人的懲罰表明，政黨確實對其領導人的背叛負有責任。

一般來說，機構對輪調的解決方案必須超越現在的職位，包括個人在前任職位任期的責任。在組織或企業的環境之中，確保這個責任最好的辦法是，不但要追蹤管理人員在這個職位的成功，也要追蹤他在輪調時留給接任者的狀況。舉例來說，如果一位管理人員在調職到新工廠前，爲尋求立即績效而出賣同事時，這個事實應列入到這位管理人員的績效考核。

合作理論對個人的選擇和機構的設計都會產生影響。就我個人而言，在進行這個寫作計畫時，最讓我驚訝的是「可激怒性」(provocability) 的價值。來到這個計畫前，我認爲一個人不應該很快憤怒。電腦囚徒困境競賽的結果顯示，碰到挑釁時立刻反應其實比較好。事實證明，如果一個人對不必要的背叛遲疑回應，會有風險傳遞出錯誤的信號。

對背叛愈置之不理，其他參與者就愈可能會得出結論，認爲背叛是值得的。這種模式愈是根深柢固，就愈難打破。這意味著愈早被激怒比愈晚被激怒好。以牙還牙的成功當然說明了這一點。透過馬上回應，給予最快速的反擊，告知對方背叛將不值得。

以軍備控制協議來說，違反協議會招致的反應便說明了這一點。蘇聯偶爾爲之的舉動，似乎是爲了探測與美國協議的極限。美國愈早發現和予以回應愈好。等待問題一味累積，只會引起這樣的風險——日後反擊的力道可能會大到引起更多麻煩。

反應的速度取決於發現對方某個決定需要多久的時間。時間愈短，合作關係愈穩定。發現的時間快意味著接下來的互動會很快地出現，從而增加了參數 $w$ 代表的未來影響力。由於這個原因，軍備控制協議之中，列有可以迅速偵測違反規定之行爲的協議，才能達成穩定。關鍵性的要求在於，偵測違規的速度必須夠快，以免犯規一再累積到受害者的「可激怒性」不再足以防止挑戰者背叛的誘因。

善良的規則需要哪些條件才能達到集體穩定的理論分析，更補充說明競賽結果中關於「可激怒性」的價值。善良規則爲了能夠抵禦入侵，必須在其他參與者第一次背叛時就是「可激怒的」（第三章中的命題4）。從理論上說，反應並不一定要立即，而且不需要一定發生，但它必須有未來最終確實會發生的或然率。重要的是，不要到頭來導致對方產生背叛的誘因。

當然，「可激怒性」也有危險。這個危險是，如果對方確實嘗試背叛一次，反擊行動將導致更進一步的報復，衝突將演化成永無休止的一連串相互背叛。這當然是一個嚴重問題。例如，在許多文化裡，部族之間的血仇可以持續多年不減，甚至好幾代（布雷克－米紹德〔Black-Michaud〕，一九七五年）。

這種衝突的延續是因爲「回聲效應」：各方以自己的一個新的背叛回應對方上一次的背叛。有個解決辦法是，找到一個中央權力機構管制雙方。不幸的是，這個解決方案通常是不可得。而且即使有法令規範，就日常事務，如商業合約，動用法院強制執行的代價，可能高到讓人無法承受。當使用中央權力機構是不可能或者太昂貴時，最好的方法是依靠能夠自我管理的策略。

這種自我管理的策略必須是可激怒的，但反應不能太大，否則將會導致無休止的交互背叛。例如，假設蘇聯連同其他華沙公約組織（Warsaw Pact）國家，在整個東歐進行部分武裝部隊動員。如果傳統戰爭爆發，這種動員將使蘇聯具備額外優勢。北約組織（N

ATO）增加自身的戒備狀態，會是一個有用的回應方式。如果更多部隊從蘇聯移駐東歐，北約便應做出回應，從美國調派更多部隊。貝茨（Betts，一九八二年，第二九三—九四頁）建議，這類反應必須是自動的，好讓蘇聯清楚地看出，北約增加準備的標準程序，只有在蘇聯動員時才會發生。他還建議反應必須是有限度的，例如蘇聯每動員三個師，美國增派一個師。實際上，這將有助於限制回聲效應。

在以達成穩定合作爲主旨的策略當中，有限度的「可激怒性」是個實用的特點。雖然以牙還牙策略會以等額的背叛回應對方的背叛，不過在許多情況下，如果反應程度略低於挑釁行爲，有助於加強合作的穩定性。否則，爲了回應對方上一次的背叛，很輕易就會沒完沒了。有幾種方法可以控制回聲效應。方法之一是，第一個背叛的參與者了解對方的反應，無須再度以背叛回應。例如，蘇聯可能會領悟到，唯有在他們自己增加動員時，北約才會跟著增加駐軍回應，這是標準的回應程序。當然，即使北約的反應是自動的、可預期的，蘇聯可能還是不這樣認爲。因此，如果北約的反應略低於蘇聯的動員，也是有用的。那麼，如果蘇聯的反應也略低於北約的動員，動員不斷升高的情形可以穩定下來，然後便可能扭轉恢復正常。

幸運的是，友誼對合作的演化是沒有必要的。正如壕溝戰的例子表明，即使是敵對雙方，也可以學習發展基於互惠的合作。建立關係需要的不是友誼，而是耐久性。有關國際關係方面，幸好主要強權十分肯定他們年復一年都會繼續互動下去。他們的關係並不總是相互有利的，但是持久的。因此，明年的互動對今年的選擇應有相當大的影響力，合作最終有很好的演化機會。

建立關係也不需要遠見，就如生物例子顯示的。但是，如果沒有遠見，演化過程可能需要很長的時間。幸運的是，人類有遠見，得以加速演化過程，否則這個過程會很盲目。最明顯的例子是第一輪和第二輪電腦囚徒困境競賽的差別。第一輪的參與者是賽局理論專家，他們對於怎樣在重複囚徒困境中達到亮麗成績，具備最尖端的了解。當他們的規則互相配對競賽時，結果是每一步的平均得分為2.10，只是稍好於從$P=1$（相互背叛的懲罰）到$R=3$（相互合作的獎勵）的半途。第二輪的參與者成績好多了，每一步的平均得分為2.60，略優於從相互懲罰到相互獎勵的四分之三。③因此，參與者們能夠利用第一輪的結果，包括對等互惠的價值，期望在第二輪有好的表現。整體而言，他們的遠見是值得的，可獲得更高的分數。

結果第二輪比第一輪複雜。互惠合作在第二輪穩固奠定。在第二輪的環境中，許多參賽作品企圖利用第一輪單純的作品，但是都失敗了，顯示像以牙還牙一樣的互惠策略異常強勁。人們可以運用電腦競賽的經驗，了解本身囚徒困境互動的互惠價值，這樣的期許或許並不爲過。

互惠有效的話一旦傳了出去，就可予以落實。如果你期望其他人對你的背叛，就跟對你的合作一樣，都以合作回報，那麼避免挑釁找麻煩便是明智的抉擇。此外，在其他人背叛後便背叛以對，也是明智的，顯示你不會受到剝削利用。如此一來，使用基於互惠的策略，你也會是明智的。因此，其他人如果都這樣做，他們也將都是明智的。以這種方式，對互惠價值的理解和欣賞成爲自我強化。一旦啓動起來，它就變得愈來愈強大。

這便是第三章棘輪效應的本質：一旦基於互惠的合作在人口當中底定，即使有個體群集試圖利用別人，也不會被征服。如果是基於盲目的力量的演化，需要比較長的時間，才可能建立穩定的合作，如果它的運作受到明智之士的讚賞，便可以相當快地發生。本書的實證與理論研究結果，可能有助於人們更加明白在他們的世界中互惠的潛在機會。人們了解兩輪電腦囚徒困境競賽結果的原因的概念，並且知道對等互惠成功的理由和條件，可能會從中得到更進一步的遠見。

以牙還牙和其他參與者的策略互動時，成績並未超過其他人，但還是成功；我們可從這樣的成功之中，更清楚地看到這個道理：以牙還牙策略靠的不是打敗別人，而是引導別人合作。我們習於認爲競賽只有一個勝利者，如足球比賽或下棋。但是，這個世界幾乎都不是這樣的。在各種情況下，**雙方**相互合作能獲得更理想的績效，而不是相互背叛。表現好的關鍵不在戰勝其他人，而是引出他們的合作。

今天，人類面臨的最重要問題，是在國際關係領域裡獨立的、自私自利的國家，在幾近無政府的混亂狀態面對彼此。這些問題當中，許多都是採取重複囚徒困境的形式。例子可以包括軍備競賽、核擴散、危機談判和軍事升級。當然，實地理解這些問題必須考慮到許多其他因素，這些都是簡單的囚徒困境表述中沒有納入的議題，如意識型態、官僚政治、承諾、聯盟、調解和領導。儘管如此，我們還是可以運用所有可得的見解。

羅伯特・吉爾平（Robert Gilpin）（一九八一年，第二〇五頁）指出，從古希臘到當代所有政治理論學術研究，都在闡述一個根本問題：「不論是出於自私，還是著眼於社會的動機，人類怎麼了解與控制歷史中看似盲目的力量？」在當今世界，因爲發展核武

# 附錄A 競賽結果

這個附錄補充說明第二章的內容，針對電腦囚徒困境的兩輪競賽提供額外的資訊。所提供的補充資訊當中，包括了競賽參與者、提交的參賽作品，以及參賽作品彼此配對交手時的成績。這個附錄也就是競賽的六項變化賽，檢討哪些策略可以獲得更好的成績，更進一步證明了「以牙還牙」策略成功的穩健性。

第一輪競賽包括 RANDOM 在內的十四個參賽作品。表二列舉參賽者的姓名以及其決策規則的得分。每對規則分爲五場對局，步數分別爲兩百步。表三列舉每個規則彼此對局的得分。艾瑟羅德（Axelrod，一九〇八年a）就每個策略進行說明，第二輪競賽參賽者也可取得這些說明。

### 表二：參賽者（第一輪）

| 排名 | 姓　名 | 領域<br>(若屬教職員) | 程式長度 | 得分 |
|---|---|---|---|---|
| 1 | Anatol Rapoport | 心理學 | 4 | 504.5 |
| 2 | Nicholas Tideman & Paula Chieruzzi | 經濟學 | 41 | 500.4 |
| 3 | Rudy Nydegger | 心理學 | 23 | 485.5 |
| 4 | Bernard Grofman | 政治科學 | 8 | 481.9 |
| 5 | Martin Shubik | 經濟學 | 16 | 480.7 |
| 6 | William Stein & Amnon Rapoport | 數學<br>心理學 | 50 | 477.8 |
| 7 | James W. Friedman | 經濟學 | 13 | 473.4 |
| 8 | Morton Davis | 數學 | 6 | 471.8 |
| 9 | James Graaskamp | | 63 | 400.7 |
| 10 | Leslie Downing | 心理學 | 33 | 390.6 |
| 11 | Scott Feld | 社會學 | 6 | 327.6 |
| 12 | Johann Joss | 數學 | 5 | 304.4 |
| 13 | Gordon Tullock | 經濟學 | 18 | 300.5 |
| 14 | Name withheld | | 77 | 282.2 |
| 15 | RANDOM | | 5 | 276.3 |

表四列舉第二輪競賽的參賽者，以及其提交程式的相關資訊。每一對規則分屬五場競賽對局，長度各異，每局競賽的步數平均爲一五一步。RANDOM 規則在內的參賽作品共有六十二項，所以第二輪競賽的參賽得分矩陣極爲可觀，達矩陣63乘63。數值大到得在表五濃縮說明（參考表五）。每個規則彼此對局的平均得分根據以下代碼，以單一數值表之：

1：100 分以下

## 表三：競賽得分（第一輪）

| 參與者 | 對手：TIT FOR TAT | TIDE AND CHIER | NYDEGGER | GROFMAN | SHUBIK | STEIN AND RAP | FRIEDMAN | DAVIS | GRAASKAMP | DOWNING | FELD | JOSS | TULLOCK | (Name Withheld) | RANDOM | Average Score |
|---|---|---|---|---|---|---|---|---|---|---|---|---|---|---|---|---|
| 1. 以牙還牙 (Anatol Rapoport) | 600 | 595 | 600 | 600 | 600 | 595 | 600 | 600 | 597 | 597 | 280 | 225 | 279 | 359 | 441 | 504 |
| 2. TIDEMAN & CHIERUZZI | 600 | 596 | 600 | 601 | 600 | 596 | 600 | 600 | 310 | 601 | 271 | 213 | 291 | 455 | 573 | 500 |
| 3. NYDEGGER | 600 | 595 | 600 | 600 | 600 | 595 | 600 | 600 | 433 | 158 | 354 | 374 | 347 | 368 | 464 | 486 |
| 4. GROFMAN | 600 | 595 | 600 | 600 | 600 | 594 | 600 | 600 | 376 | 309 | 280 | 236 | 305 | 426 | 507 | 482 |
| 5. SHUBIK | 600 | 595 | 600 | 600 | 600 | 595 | 600 | 600 | 348 | 271 | 274 | 272 | 265 | 448 | 543 | 481 |
| 6. STEIN & RAPOPORT | 600 | 596 | 600 | 602 | 600 | 596 | 600 | 600 | 319 | 200 | 252 | 249 | 280 | 480 | 592 | 478 |
| 7. FRIEDMAN | 600 | 595 | 600 | 600 | 600 | 595 | 600 | 600 | 307 | 207 | 235 | 213 | 263 | 489 | 598 | 473 |
| 8. DAVIS | 600 | 595 | 600 | 600 | 600 | 595 | 600 | 600 | 307 | 194 | 238 | 247 | 253 | 450 | 598 | 472 |
| 9. GRAASKAMP | 597 | 305 | 462 | 375 | 348 | 314 | 302 | 302 | 588 | 625 | 268 | 238 | 274 | 466 | 548 | 401 |
| 10. DOWNING | 597 | 591 | 398 | 289 | 261 | 215 | 202 | 239 | 555 | 202 | 436 | 540 | 243 | 487 | 604 | 391 |
| 11. FELD | 285 | 272 | 426 | 286 | 297 | 255 | 235 | 239 | 274 | 704 | 246 | 236 | 272 | 420 | 467 | 328 |
| 12. JOSS | 230 | 214 | 409 | 237 | 286 | 254 | 213 | 252 | 244 | 634 | 236 | 224 | 273 | 390 | 469 | 304 |
| 13. TULLOCK | 284 | 287 | 415 | 293 | 318 | 271 | 243 | 229 | 278 | 193 | 271 | 260 | 273 | 416 | 478 | 301 |
| 14. (Name Withheld) | 362 | 231 | 397 | 273 | 230 | 149 | 133 | 173 | 187 | 133 | 317 | 366 | 345 | 413 | 526 | 282 |
| 15. RANDOM | 442 | 142 | 407 | 313 | 219 | 141 | 108 | 137 | 189 | 102 | 360 | 416 | 419 | 300 | 450 | 276 |

## 表四：參賽者（第二輪）

| 排名 | 姓　　名 | 國家（若非美國） | 學科領域（若爲教職員） | 程式語言（FORTRAN 或 BASIC） | 程式長度[a] |
|---|---|---|---|---|---|
| 1 | Anatol Rapoport | 加拿大 | 心理學 | F | 5 |
| 2 | Danny C. Champion | | | F | 16 |
| 3 | Otto Borufsen | 挪威 | | F | 77 |
| 4 | Rob Cave | | | F | 20 |
| 5 | William Adams | | | B | 22 |
| 6 | Jim Graaskamp & Ken Katzen | | | F | 23 |
| 7 | Herb Weiner | | | F | 31 |
| 8 | Paul D. Harrington | | | F | 112 |
| 9 | T. Nicolaus Tideman & P. Chieruzzi | | 經濟學 | F | 38 |
| 10 | Charles Kluepfel | | | B | 59 |
| 11 | Abraham Getzler | | | F | 9 |
| 12 | Francois Leyvraz | 瑞士 | | B | 29 |
| 13 | Edward White, Jr. | | | F | 16 |
| 14 | Graham Eatherley | 加拿大 | | F | 12 |
| 15 | Paul E. Black | | | F | 22 |
| 16 | Richard Hufford | | | F | 45 |
| 17 | Brian Yamauchi | | | B | 32 |
| 18 | John W. Colbert | | | F | 63 |
| 19 | Fred Mauk | | | F | 63 |
| 20 | Ray Mikkelson | | 物理學 | B | 27 |
| 21 | Glenn Rowsam | | | F | 36 |
| 22 | Scott Appold | | | F | 41 |
| 23 | Gail Grisell | | | B | 10 |
| 24 | J. Maynard Smith | 英國 | 生理學 | F | 9 |
| 25 | Tom Almy | | | F | 142 |
| 26 | D. Ambuelh & K. Kickey | | | F | 23 |
| 27 | Craig Feathers | | | B | 48 |
| 28 | Bernard Grofman | | 政治科學 | F | 27 |
| 29 | Johann Joss | 瑞士 | 數學 | B | 74 |
| 30 | Jonathan Pinkley | | | F | 64 |
| 31 | Rudy Nydegger | | 心理學 | F | 23 |
| 32 | Robert Pebley | | | B | 13 |
| 33 | Roger Falk & James Langsted | | | B | 117 |

## 表四（續）

| 排名 | 姓　　名 | 國家(若非美國) | 學科領域(若爲教職員) | 程式語言(FORTRAN或BASIC) | 程式長度[a] |
|---|---|---|---|---|---|
| 34 | Nelson Weiderman | | 電腦科學 | F | 18 |
| 35 | Robert Adams | | | B | 43 |
| 36 | Robyn M. Dawes & Mark Batell | | 心理學 | F | 29 |
| 37 | George Lefevre | | | B | 10 |
| 38 | Stanley F. Quayle | | | F | 44 |
| 39 | R. D. Anderson | | | F | 44 |
| 40 | Leslie Downing | | 心理學 | F | 33 |
| 41 | George Zimmerman | | | F | 36 |
| 42 | Steve Newman | | | F | 51 |
| 43 | Martyn Jones | 紐西蘭 | | B | 152 |
| 44 | E.E.H. Shurmann | | | B | 32 |
| 45 | Henry Nussbacher | | | B | 52 |
| 46 | David Gladstein | | | F | 28 |
| 47 | Mark F. Batell | | | F | 30 |
| 48 | David A. Smith | | | B | 23 |
| 49 | Robert Leyland | 紐西蘭 | | B | 52 |
| 50 | Michael F. McGurrin | | | F | 78 |
| 51 | Howard R. Hollander | | | F | 16 |
| 52 | James W. Friedman | | 經濟學 | F | 9 |
| 53 | George Hufford | | | F | 41 |
| 54 | Rik Smoody | | | F | 6 |
| 55 | Scott Feld | | 社會學 | F | 50 |
| 56 | Gene Snodgrass | | | F | 90 |
| 57 | George Duisman | | | B | 6 |
| 58 | W. H. Robertson | | | F | 54 |
| 59 | Harold Rabbie | | | F | 52 |
| 60 | James E. Hall | | | F | 31 |
| 61 | Edward Friedland | | | F | 84 |
| 62 | RANDOM | | | F | (4) |
| 63 | Roger Hotz | | | B | 14 |

[a] 程式之中 FORTRAN 內部說明的號碼是指長度。條件指示雖然在第一輪競賽的報告中僅算做一種指示，但是在此算做兩個內部聲明。

2：100-199.9 分（151 分是完全互相背叛）

3：200-299.9 分

4：300-399.9 分

5：400-452.9 分

6：453 分整（完全互相合作）

7：453.1-499.9 分

8：500-599.9 分

9：600 分或以上

表五固然有助了解某個規則得分的緣由，但是箇中的細節實在過於龐雜。所以需要一套比較精簡的方法，才能理解競賽結果。幸好，逐步迴歸分析就是這樣的方法。結果顯示，在整個六十三組之中，只有五組這樣的規則可以算是非常好。這五組規則因此可作爲整個參賽規則的**代表**，特定規則和其對局所得的分數可用來預測這個規則和整個參賽規則對局可得分數的平均值。

## 表五：競賽分數（第二輪）

| 參與者 | 對手 | | | | | | | | | | | | |
|---|---|---|---|---|---|---|---|---|---|---|---|---|---|
| | 1 | | 11 | | 21 | | 31 | | 41 | | 51 | | 61 |
| 1 | 66666 | 66566 | 66666 | 56556 | 66665 | 65656 | 66666 | 66656 | 66666 | 56555 | 56554 | 44452 | 442 |
| 2 | 66666 | 66566 | 66666 | 56556 | 66665 | 65656 | 66666 | 66656 | 66666 | 56555 | 56554 | 44552 | 442 |
| 3 | 66666 | 66566 | 66666 | 56556 | 66665 | 65656 | 66666 | 66656 | 66666 | 56555 | 56554 | 44443 | 452 |
| 4 | 66666 | 66566 | 66666 | 56556 | 66665 | 65656 | 66666 | 66656 | 66666 | 56555 | 56553 | 45542 | 352 |
| 5 | 66666 | 66566 | 66666 | 56546 | 66665 | 65656 | 66666 | 66656 | 66666 | 56545 | 36494 | 44542 | 442 |
| 6 | 66666 | 66566 | 66666 | 56556 | 66665 | 65656 | 66666 | 66656 | 66666 | 56555 | 46583 | 35232 | 353 |
| 7 | 66666 | 66566 | 66666 | 56546 | 66665 | 65656 | 66666 | 66656 | 66666 | 56555 | 56553 | 35272 | 253 |
| 8 | 55577 | 55555 | 55777 | 58558 | 75887 | 85455 | 45485 | 54888 | 58443 | 53758 | 53574 | 44543 | 452 |
| 9 | 66666 | 66566 | 66666 | 56556 | 66665 | 65656 | 66666 | 66656 | 66666 | 56455 | 56554 | 45232 | 272 |
| 10 | 66666 | 66566 | 66666 | 56546 | 66665 | 65656 | 66666 | 66656 | 66666 | 56554 | 56554 | 45342 | 352 |
| 11 | 66666 | 66566 | 66666 | 56536 | 66665 | 65656 | 66666 | 66656 | 66666 | 46534 | 56553 | 44552 | 342 |
| 12 | 66666 | 66566 | 66666 | 36546 | 66665 | 65646 | 66666 | 66656 | 66666 | 56555 | 56554 | 44553 | 242 |
| 13 | 66666 | 64466 | 66666 | 46556 | 66664 | 64656 | 66666 | 66646 | 66666 | 56544 | 56354 | 44552 | 442 |
| 14 | 66666 | 66566 | 66666 | 56556 | 66664 | 64656 | 66666 | 66646 | 66666 | 56535 | 56453 | 43533 | 432 |
| 15 | 66666 | 66566 | 66666 | 46556 | 66664 | 64656 | 66666 | 66646 | 66666 | 56544 | 56354 | 43532 | 232 |
| 16 | 55575 | 55555 | 54777 | 57557 | 75775 | 77757 | 43375 | 77777 | 47443 | 54757 | 42484 | 44222 | 452 |
| 17 | 66666 | 66466 | 66666 | 46556 | 66664 | 64656 | 66666 | 66646 | 66666 | 56534 | 56253 | 45533 | 253 |
| 18 | 57557 | 55555 | 55777 | 57547 | 75777 | 77557 | 35577 | 77777 | 77743 | 57555 | 51572 | 44553 | 142 |
| 19 | 55674 | 54564 | 35777 | 57557 | 75777 | 77757 | 43473 | 77777 | 47443 | 55757 | 53573 | 44572 | 453 |
| 20 | 66666 | 66466 | 66666 | 46556 | 66664 | 64656 | 66666 | 66646 | 66666 | 56534 | 56253 | 35532 | 252 |
| 21 | 66666 | 66566 | 66666 | 46556 | 66664 | 64646 | 66666 | 66646 | 66666 | 56534 | 56353 | 35332 | 252 |
| 22 | 66666 | 66566 | 66666 | 56556 | 66664 | 65646 | 66666 | 66656 | 66666 | 36535 | 56353 | 44422 | 242 |
| 23 | 66666 | 66466 | 66666 | 46556 | 66663 | 64656 | 66666 | 66646 | 66666 | 56535 | 56252 | 33533 | 443 |
| 24 | 66666 | 66466 | 66666 | 46556 | 66663 | 64656 | 66666 | 66646 | 66666 | 36554 | 56454 | 43433 | 332 |
| 25 | 55575 | 55555 | 55878 | 58558 | 75885 | 85255 | 55384 | 38848 | 28433 | 52745 | 52583 | 45243 | 242 |
| 26 | 66666 | 66466 | 66666 | 46556 | 66664 | 64656 | 66666 | 66646 | 66666 | 56535 | 56353 | 34252 | 243 |
| 27 | 55575 | 55555 | 55777 | 57558 | 75874 | 75557 | 54373 | 75878 | 58434 | 53737 | 52353 | 44442 | 342 |
| 28 | 66666 | 66366 | 66666 | 46556 | 66663 | 65656 | 66666 | 66646 | 66666 | 56534 | 56353 | 35232 | 252 |
| 29 | 55575 | 55555 | 54777 | 57557 | 54775 | 75757 | 43473 | 77777 | 37343 | 53757 | 52474 | 55532 | 252 |
| 30 | 66666 | 66566 | 66666 | 46556 | 66664 | 64656 | 66666 | 66646 | 66666 | 46524 | 56352 | 34233 | 242 |
| 31 | 66666 | 66466 | 66666 | 36546 | 66667 | 67626 | 66666 | 66676 | 66666 | 46534 | 56773 | 44242 | 242 |
| 32 | 66666 | 66566 | 66666 | 36536 | 66665 | 64636 | 66666 | 66646 | 66666 | 26433 | 26573 | 45242 | 252 |
| 33 | 66666 | 66566 | 66666 | 36536 | 66663 | 63646 | 66666 | 66636 | 66666 | 36453 | 46394 | 35222 | 252 |
| 34 | 66666 | 66466 | 66666 | 46556 | 66663 | 65656 | 66666 | 66646 | 66666 | 36534 | 56253 | 33233 | 253 |
| 35 | 66666 | 66566 | 66666 | 56536 | 66664 | 63636 | 66666 | 66656 | 66666 | 26432 | 26493 | 45252 | 252 |

## 表五（續）

| 參與者 | 對手 | | | | | | | | | | | | |
|---|---|---|---|---|---|---|---|---|---|---|---|---|---|
| | 1 | | 11 | | 21 | | 31 | | 41 | | 51 | | 61 |
| 36 | 66666 | 66466 | 66666 | 46556 | 66663 | 64656 | 66666 | 66646 | 66666 | 26534 | 56253 | 35232 | 253 |
| 37 | 66666 | 66466 | 66666 | 46556 | 66664 | 64656 | 66666 | 66646 | 66666 | 26532 | 56353 | 35222 | 273 |
| 38 | 66666 | 66466 | 66666 | 46556 | 66663 | 64656 | 66666 | 66646 | 66666 | 36524 | 56272 | 33233 | 273 |
| 39 | 55555 | 55455 | 55778 | 48558 | 55883 | 84855 | 54384 | 44858 | 38335 | 52738 | 72373 | 35232 | 252 |
| 40 | 66666 | 66466 | 66666 | 46556 | 66663 | 64656 | 66666 | 66646 | 66666 | 36534 | 56272 | 33233 | 253 |
| 41 | 66666 | 66566 | 66666 | 46546 | 66663 | 65646 | 66666 | 66646 | 66666 | 26433 | 36373 | 45252 | 242 |
| 42 | 66666 | 66466 | 66666 | 46556 | 66663 | 64646 | 66666 | 66646 | 66666 | 36524 | 56252 | 33223 | 252 |
| 43 | 66666 | 66466 | 66666 | 46546 | 66664 | 64636 | 66666 | 66636 | 66666 | 26433 | 46383 | 44222 | 242 |
| 44 | 66666 | 66566 | 66666 | 36546 | 66663 | 63626 | 66666 | 66626 | 66666 | 46434 | 46393 | 45222 | 242 |
| 45 | 66666 | 66566 | 66666 | 36536 | 66664 | 65636 | 66666 | 66676 | 66666 | 26433 | 36373 | 35232 | 252 |
| 46 | 57557 | 55555 | 45757 | 56757 | 54597 | 55754 | 42392 | 22959 | 29233 | 52755 | 52574 | 44252 | 442 |
| 47 | 66666 | 66366 | 66666 | 46546 | 66663 | 63636 | 66666 | 66636 | 66666 | 26333 | 36393 | 35232 | 253 |
| 48 | 55575 | 55545 | 55777 | 57557 | 75774 | 74757 | 43373 | 77744 | 44433 | 53555 | 52454 | 43433 | 332 |
| 49 | 55554 | 55555 | 35785 | 54553 | 45575 | 34358 | 43533 | 43848 | 38343 | 53557 | 53593 | 45572 | 352 |
| 50 | 55575 | 55454 | 55757 | 47557 | 75575 | 54757 | 43372 | 72747 | 37343 | 54745 | 72354 | 43232 | 442 |
| 51 | 55573 | 45555 | 55777 | 47557 | 75775 | 75757 | 32372 | 77744 | 35433 | 54555 | 52454 | 43432 | 332 |
| 52 | 66666 | 66366 | 66666 | 36536 | 66663 | 63636 | 66666 | 66636 | 66666 | 26332 | 26392 | 35222 | 253 |
| 53 | 55564 | 55555 | 55375 | 33543 | 35385 | 34243 | 55324 | 32333 | 24332 | 52758 | 72593 | 44532 | 242 |
| 54 | 55552 | 35455 | 55777 | 37557 | 75774 | 75757 | 44171 | 77444 | 57314 | 52525 | 51152 | 23413 | 131 |
| 55 | 44434 | 33544 | 35575 | 43533 | 44454 | 33347 | 43433 | 33737 | 38343 | 43535 | 42494 | 45342 | 353 |
| 56 | 55555 | 22544 | 45575 | 43542 | 34477 | 35348 | 44322 | 22424 | 45333 | 42725 | 52392 | 44233 | 442 |
| 57 | 44524 | 22712 | 44577 | 52442 | 24992 | 45114 | 42192 | 21929 | 39322 | 41829 | 81382 | 34923 | 442 |
| 58 | 45377 | 22433 | 55775 | 35647 | 35753 | 25247 | 42222 | 22222 | 23233 | 22542 | 52783 | 33533 | 253 |
| 59 | 55234 | 24532 | 55577 | 22552 | 24282 | 55224 | 43222 | 22222 | 33232 | 52838 | 82292 | 35853 | 252 |
| 60 | 22432 | 22742 | 27343 | 37522 | 33998 | 22235 | 42292 | 22828 | 28233 | 22722 | 32382 | 55982 | 542 |
| 61 | 44734 | 22734 | 34473 | 52742 | 23483 | 23222 | 42222 | 22222 | 23333 | 42724 | 72293 | 44223 | 253 |
| 62 | 44224 | 12212 | 45477 | 22422 | 24473 | 44212 | 32222 | 21123 | 32322 | 41724 | 51382 | 34223 | 142 |
| 63 | 33323 | 22533 | 34333 | 22522 | 23233 | 22233 | 42322 | 22222 | 23333 | 22333 | 32392 | 35232 | 252 |

代碼：1.低於 100 分　　4.300-399.9 分　　7.453.1-499.9 分
2.100-199.9 分　　5.400-452.9 分　　8.500-599.9 分
3.200-299.9 分　　6.453 分整　　9.600 分或以上

預測競賽得分的公式如下：

$$T=120.0+(.202)S_6+(.198)S_{30}+(.110)S_{35}+(.072)S_{46}+(.086)S_{27}$$

$T$是規則在競賽中的預期得分，$S_j$是規則和第$j$個規則對局的得分。

競賽得分的估計值和競賽實際得分具相關性，$r=.979$以及$r^2=.96$。這表示只要知道規則和這五個代表對局的表現，便能了解競賽得分中百分之九十六的變異。

以牙還牙和這五個代表策略對局的亮麗得分，可以說明這個策略在競賽中的成功。這個策略從無止境的互相合作對局當中得分爲四五三分，在和這五個代表規則對局時的得分分別爲：$S_6=453$、$S_{30}=453$、$S_{35}=453$、$S_{46}=452$、以及$S_{27}=446$。若以此作爲比較的標準，可根據其他規則和這五個代表規則對局的表現，相較於以牙還牙和它們對局的表現差多少（或好多少），判斷實際競賽中的表現。

表六也提供每一個規則實際的競賽得分，以及實際得分和預期得分之間差異的殘值。值得注意的是，各規則的競賽得分雖然可以差個好幾百分，但是殘值通常卻不到十分，再度顯示這五個規則之於各規則的整體表現多麼具有代表性。殘值另外還有一點很

有意思，排名頂尖的規則通常正數殘值最大，顯示相較於競賽中少數這五個代表規則未納入考量的層面，對局的表現更爲理想。

現在，這些代表性的規則有助於回答哪些規則有效以及爲什麼的核心問題。

表六顯示這五個代表規則的得分具有非常明顯的模式。頭三個代表規則本身都是善良的規則。所有善良規則和這三個規則對局的得分爲四五三分，所以善良規則相較於第一名以牙還牙策略和它們對局的表現並不失色。不善良的規則一般的表現，則比不上以牙還牙策略和這前三名代表規則對局的成績；這一點可從表六這三欄正數遠多於負數看出。

舉個例子來說，不善良的規則當中，表現最好的是保羅・哈靈頓（Paul Harrington）提交的，排名第八。這個規則是以牙還牙策略的變異，可以抑制RANDOM，有辦法交替背叛而逃脫報復（回聲效應），而且能看出哪些行爲可以僥倖爲之。這種策略總在第三十七步背叛，而且之後背叛的或然率愈來愈高，除非對方一遭背叛立刻反擊；這樣的話，它就不會再背叛。它和這五個代表規則對局的成績，都沒有以牙還牙來得理想，不過和第二個代表規則交手的結果最慘。成績爲37.2，低於以牙還牙的表現。第二個代表規則是

## 表六：規則的表現（第二輪）

| 排名 | 競賽得分 | 和代表規則對局的表現（相對以牙還牙失去的分數） | | | | | |
|---|---|---|---|---|---|---|---|
| | | 規則 6 | 修正狀態過渡 (30) | 規則 35 | 測試者 (46) | 鎖定者 (27) | 殘值 |
| 1 | 434.73 | 0 | 0 | 0 | 0 | 0 | 13.3 |
| 2 | 433.88 | 0 | 0 | 0 | 12.0 | 2.0 | 13.4 |
| 3 | 431.77 | 0 | 0 | 0 | 0 | 6.6 | 10.9 |
| 4 | 427.76 | 0 | 0 | 0 | 1.2 | 25.0 | 8.5 |
| 5 | 427.10 | 0 | 0 | 0 | 15.0 | 16.6 | 8.1 |
| 6 | 425.60 | 0 | 0 | 0 | 0 | 1.0 | 4.2 |
| 7 | 425.48 | 0 | 0 | 0 | 0 | 3.6 | 4.3 |
| 8 | 425.46 | 1.0 | 37.2 | 16.6 | 1.0 | 1.6 | 13.6 |
| 9 | 425.07 | 0 | 0 | 0 | 0 | 11.2 | 4.5 |
| 10 | 425.94 | 0 | 0 | 0 | 26.4 | 10.6 | 6.3 |
| 11 | 422.83 | 0 | 0 | 0 | 84.8 | 10.2 | 8.3 |
| 12 | 422.66 | 0 | 0 | 0 | 5.8 | − 1.2 | 1.5 |
| 13 | 419.67 | 0 | 0 | 0 | 27.0 | 61.4 | 5.4 |
| 14 | 418.77 | 0 | 0 | 0 | 0 | 50.4 | 1.6 |
| 15 | 414.11 | 0 | 0 | 0 | 9.4 | 52.0 | − 2.2 |
| 16 | 411.75 | 3.6 | −26.8 | 41.2 | 3.4 | −22.4 | −11.5 |
| 17 | 411.59 | 0 | 0 | 0 | 4.0 | 61.4 | − 4.3 |
| 18 | 411.08 | 1.0 | − 2.0 | −0.8 | 7.0 | − 7.8 | −10.9 |
| 19 | 410.45 | 3.0 | −19.6 | 171.8 | 3.0 | −14.2 | 3.5 |
| 20 | 410.31 | 0 | 0 | 0 | 18.0 | 68.0 | − 4.0 |
| 21 | 410.28 | 0 | 0 | 0 | 20.0 | 57.2 | − 4.9 |
| 22 | 408.55 | 0 | 0 | 0 | 154.6 | 31.8 | 0.9 |
| 23 | 408.11 | 0 | 0 | 0 | 0 | 67.4 | − 7.6 |
| 24 | 407.79 | 0 | 0 | 0 | 224.6 | 56.0 | 7.2 |
| 25 | 407.01 | 1.0 | 2.2 | 113.4 | 15.0 | 33.6 | 2.5 |
| 26 | 406.95 | 0 | 0 | 0 | 0 | 59.6 | − 9.4 |
| 27 | 405.90 | 8.0 | −18.6 | 227.8 | 5.6 | 14.0 | 8.9 |
| 28 | 403.97 | 0 | 0 | 0 | 3.0 | 1.4 | −17.2 |
| 29 | 403.13 | 4.0 | −24.8 | 245.0 | 4.0 | − 3.0 | 4.4 |
| 30 | 402.90 | 0 | 0 | 0 | 74.0 | 54.4 | − 8.6 |
| 31 | 402.16 | 0 | 0 | 0 | 147.4 | −10.0 | − 9.6 |
| 32 | 400.75 | 0 | 0 | 0 | 264.2 | 52.4 | 2.7 |

## 表六（續）

| 排名 | 競賽得分 | 和代表規則對局的表現（相對以牙還牙失去的分數） | | | | | |
|---|---|---|---|---|---|---|---|
| | | 規則 6 | 修正狀態過渡 (30) | 規則 35 | 測試者 (46) | 鎮定者 (27) | 殘值 |
| 33 | 400.52 | 0 | 0 | 0 | 183.6 | 157.4 | 5.7 |
| 34 | 399.98 | 0 | 0 | 0 | 224.6 | 41.6 | − 1.9 |
| 35 | 399.60 | 0 | 0 | 0 | 291.0 | 204.8 | 16.5 |
| 36 | 399.31 | 0 | 0 | 0 | 288.0 | 61.4 | 3.7 |
| 37 | 398.13 | 0 | 0 | 0 | 294.0 | 58.4 | 2.7 |
| 38 | 397.70 | 0 | 0 | 0 | 224.6 | 84.8 | − 0.4 |
| 39 | 397.66 | 1.0 | 2.6 | 54.4 | 2.0 | 46.6 | −13.0 |
| 40 | 397.13 | 0 | 0 | 0 | 224.6 | 72.8 | − 2.0 |
| 41 | 395.33 | 0 | 0 | 0 | 289.0 | −5.6 | − 6.0 |
| 42 | 394.02 | 0 | 0 | 0 | 224.6 | 74.0 | − 5.0 |
| 43 | 393.01 | 0 | 0 | 0 | 282.0 | 55.8 | − 3.5 |
| 44 | 392.54 | 0 | 0 | 0 | 151.4 | 159.2 | − 4.4 |
| 45 | 392.41 | 0 | 0 | 0 | 252.6 | 44.6 | − 7.2 |
| 46 | 390.89 | 1.0 | 73.0 | 292.0 | 1.0 | −0.4 | 16.1 |
| 47 | 389.44 | 0 | 0 | 0 | 291.0 | 156.8 | 2.2 |
| 48 | 388.92 | 7.8 | −15.6 | 216.0 | 29.8 | 55.2 | − 3.5 |
| 49 | 385.00 | 2.0 | −90.0 | 189.0 | 2.8 | 101.0 | −24.3 |
| 50 | 383.17 | 1.0 | −38.4 | 278.0 | 1.0 | 61.8 | − 9.9 |
| 51 | 380.95 | 135.6 | −22.0 | 265.4 | 26.8 | 29.8 | 16.1 |
| 52 | 380.49 | 0 | 0 | 0 | 294.0 | 205.2 | − 2.3 |
| 53 | 344.17 | 1.0 | 199.4 | 117.2 | 3.0 | 88.4 | −17.0 |
| 54 | 342.89 | 167.6 | −30.8 | 385.0 | 42.4 | 29.4 | − 3.1 |
| 55 | 327.64 | 241.0 | −32.6 | 230.2 | 102.2 | 181.6 | − 3.4 |
| 56 | 326.94 | 305.0 | −74.4 | 285.2 | 73.4 | 42.0 | − 7.5 |
| 57 | 309.03 | 334.8 | 74.0 | 270.2 | 73.0 | 42.2 | 8.4 |
| 58 | 304.62 | 274.0 | − 6.4 | 290.4 | 294.0 | 6.0 | − 9.3 |
| 59 | 303.52 | 302.0 | 142.2 | 271.4 | 13.0 | −1.0 | 1.8 |
| 60 | 296.89 | 293.0 | 34.2 | 292.2 | 291.0 | 286.0 | 18.8 |
| 61 | 277.70 | 277.0 | 262.4 | 293.0 | 76.0 | 178.8 | 17.0 |
| 62 | 237.22 | 359.2 | 261.8 | 286.0 | 114.4 | 90.2 | −12.6 |
| 63 | 220.50 | 311.6 | 249.0 | 293.6 | 259.0 | 254.0 | −16.2 |

修正狀態過渡，這是根據第一輪競賽補充規則，經過修改之後由強納森·平克力(Jonathan Pinkley)於第二輪提交的版本。修正狀態過渡把對方塑爲單步的馬爾可夫程序。它基於這套模型是正確的假設自行做出抉擇，爲自己創造最大的長期收穫。就跟哈靈頓的規則會愈來愈頻繁地背叛一樣，修正狀態過渡就對方在四個可能的結果之後就會合作的或然率進行持續性地估計。最後修正狀態過渡判斷，在遭到對方利用過後再合作就沒有價值可言，隨之立刻判斷就連共同合作之後合作也不值得。①

所以就算對方願意接受部分的背叛行爲，但一旦達到容忍的極限，就很難讓人信服日後不會再犯。其他不善良的規則當中，有些和修正狀態過渡對局的表現雖然優於以牙還牙，但這些規則和其他有些代表性的規則交手的表現卻往往比較差。

這五個代表性的規則不但可用於分析第二輪競賽結果，也可用來建構競賽假想性的變異。這是透過對每一個參賽類型指定不同的相對比重權值。這五個代表規則分別可視爲具有龐大的利害關係人族群(constituency)。這五個利害關係人族群和不具代表性的殘值利害關係人族群，完整構成競賽之中每一個規則的表現。這樣運用代表性的規則，可以從中了解，如果利害關係人族群規模遠大於實際程度會如何。說得更具體一點，假想性的競賽是假設如果特定利害關係人族群規模超過實際水準五倍的情形。由於有六個利害關係人族群，這樣就得進行六場假想性的競賽。每一場假想競賽都代表原始競賽相當明顯的變異，這是因爲假設這六個利害關係人族群之一的規模大於實際情形五倍。而每一場都代表一種不同的變異，這是因爲放大了各種規則環境的影響力。②

事實上，這些假想競賽的得分和原始競賽的分數相關性十分緊密。如果殘值是實際水準的五倍之多，那麼競賽分數和實際競賽分數的相關性依然有 .82。如果這五個代表規則之任何一項的利害關係人族群規模比實際水準大五倍，那麼和第二輪競賽得分的相關値還是會有 .90 到 .96。這意味著，就算提交程式類別散布情形和實際情況大不相同，整體結果還是會相當穩定。所以第二輪競賽整體結果具有相當的穩健性。

不過從競賽整體本身的表現，轉到尋覓贏家時，以牙還牙在六場假想競賽中的表現又是如何？答案是，在六個假想競賽當中的五場，以牙還牙依然會名列第一。這樣的結果非常搶眼，因爲這顯示出以牙還牙在面對提交作品各種差異性極大的環境中，依然是最棒的規則。

以牙還牙在假想競賽中大獲全勝的情形只有一個例外，而且很有意思。修正狀態過渡利害關係人族群要是超過實際規模五倍，那麼以牙還牙策略就會變成第二名。實際競賽之中排名只有四十九名的規則，反而會成爲第一名。這個規則是由紐西蘭奧克蘭（Auckland）的羅伯特・李蘭德（Robert Leyland）提交的。其動機和鎮定者的類似，一開始是合作的，可是接著就想試試有多大的空間可以僥倖逃過報復。誠如表六所示，李蘭德的規則得到第四十九名，主要是因爲和第三個代表規則以及和鎮定者對局的表現很差。不過它和修正狀態過渡對局的表現比起以牙還牙要高出90分，因爲這個規則初期的合作之舉獲得好評。如果修正狀態過渡的利害關係人族群規模是實際水準的五倍，李蘭德的規則就會超越以牙還牙或是競賽之中任何其他的提交作品。

以牙還牙在六場主要變局之中獲得五場的勝利，而且在第六場獲得第二名，顯示以牙還牙的勝利確實具備穩健性。

# 附錄B　理論命題證明

這個附錄會探討理論性的命題，並提供內文中沒有說明的證明。在此也會就所有具備集體穩定性的策略提供理論結果。

囚徒困境賽局定義爲兩個參與者的賽局，各方可以「合作」（*C*-cooperate）或「背叛」（*D*-defect）。如果雙方都合作，都可以獲得「獎勵」（*R*-Reward）。如果背叛，就會得到懲罰（*P*-Punishment）。如果一方合作，可是對方背叛，第一方會得到「笨蛋」（*S*-Sucker），另外一方則會得到「誘惑」（*T*-Temptation）。收穫的順序是 $T>R>P>S$，而且 $R>(T+S)/2$。第一章圖一代表規則的價值說明這個賽局的矩陣。在「重複囚徒困境」（the Iterated Prisoner's Dilemma），每一步的價值都少於前面一步，折扣係數爲 $w$，這是 $0<w<1$。

所以在「重複囚徒困境」中，兩名參與者之中總是彼此合作的一方可以得到 $R+wR+w^2R\ldots=R/(1-w)$。

策略是整個賽局截至目前爲止的歷史、乃至對目前這一步合作或然率的函數。以牙還牙是個典型的策略，在第一步肯定會合作，然後就根據對方前面一步的作爲以牙還牙。一般而言，策略A和策略B互動時的價值（或是分數）是以 $V(A|B)$ 代表。如果 $V(A|B)>V(B|B)$，表示 $A$ 策略入侵一個採用策略 $B$ 的人口。如果沒有任何策略可以入侵 $B$，那麼 $B$ 則可說是集體穩定的。

**命題1**：如果折扣參數 $w$ 夠高，那就沒有最好的策略可以獨立於另一方所使用的策略之外。

這個證明已於第一章說明。

第二個命題指出，若且唯若（if and only if） $w$ 至少有 $(T-R)/(T-P)$ 以及 $(T-R)/(R-S)$ 這麼大，那麼以牙還牙是集體穩定的。

**證明**。首先，這個命題形同是說，若且爲若以牙還牙策略既不受「總是背叛」也不受背叛和合作交替的策略入侵，便是集體穩定的。在證明這兩個公式相等之後，便證明其實就是假設對方剛剛已經合作過）。所以如果$A$對以牙還牙互動，那麼$A$選了「背叛」之後最好的選擇就是「合作」或「背叛」。同樣的道理，$A$選擇「背叛」之後最理想的作法就是「合作」或「背叛」。這樣一來，$D$和以牙還牙互動最理想的對策有四個可能性：$CC$、$CD$、$DC$或是$DD$這樣重複的順序。第一個和「以牙還牙」做法一樣的策略，同樣也是和「以牙還牙」交手。第二個不能超越第一個和第三個。這表示，如果第三和第四個或然率無法入侵以牙還牙，那就沒有任何策略能夠做到這一點。這兩者和「背叛與合作交替」以及「總是背叛」是棋逢敵手。所以如果這兩者任何之一都無法入侵以牙還牙，那麼就沒有任何規則可以，而且以牙還牙具集體穩定性。這一點讓證明更爲完備。

以牙還牙的集體穩定性經過證明之後，下一步就是說明所有集體穩定策略的特徵。所有集體穩定的策略特徵都是基於這個概念：如果潛在入侵者遵循一般規則的收穫尙不及採取一般性的策略，便能預防入侵。如果規則$B$能夠確定，無論$A$稍後有何舉動，$B$都能盡量壓低$A$的總分，那麼就可以說$B$規則能避免$A$規則的入侵。這進而引出以下這個實用的定義：如果無論$A$從 $n$ 步以後做些什麼，$V(A|B) \leq V(B|B)$，$B$在第 $n$ 步的安全部位（secure position）高於$A$。且讓 $V(A|B)$ 代表$A$在 $n$ 步之前的折扣累積分數，那麼

也可以說$B$在$n$的安全部位高於$A$是，$V_n(A|B)+w^{n-1}P/(1-w)\le V(B|B)$，因爲$A$從$n$步以後如果$B$背叛，每次頂多只能得到$P$。

由此得到的理論可以提供這樣的建議，如果你想要採用具集體穩定性的策略，就只能在能夠負擔爲對方利用，而且依然保有本身的安全部位時予以合作。

**根據「特性理論」**（Characterization Theorem）。若且唯若$B$在$n$步不論對方累積至今的分數爲何都會背叛，具體而言也就是$V_n(A|B)>V(B|B)-w^{n-1}[T+wP/(1-w)]$時，$B$具集體穩定性。

艾瑟羅德（Axelrod）（一九八一年）書中對此提出證明。

「特性理論」從抽象的層面來說，是「政策相關」（policy relevant）的，具體而言也就是$B$策略必須在先前互動歷史中的任何一個時點，都必須做些什麼才能成爲集體穩定的策略。①這是完整的特徵，因爲這個條件對於策略$B$集體穩定而言，既是必要也是充分的條件。

這個理論可見到另外兩個有關集體穩定策略的結果。第一，只要對方累積分數不會過高，策略就有彈性合作或是背叛，而且依然集體穩定。這樣的彈性說明爲什麼這通常有許多策略是集體穩定的。第二的結果是，善良的規則（絕對不會先背叛的規則）的彈性最大，因爲這種規則在和完全相同的規則對局時得分最高。換句話說，善良的規則在面對潛在的入侵者時，比起其他規則更有慷慨以對的本錢，這是因爲善良的規則彼此對局的表現如此之好。

命題2顯示，以牙還牙唯有在未來的重要性夠高時才會集體穩定。接下來的命題會以「特性理論」顯示，這個結論其實十分廣泛。事實上，這個命題可應用在任何可能先合作的策略。

**命題3**。任何可能是首先合作的策略$B$，只有當$w$夠大時，才可能是集體穩定的。

**證明**。如果B第一步合作，$V(\text{ALL D}|B) \geq T + wP/(1-w)$。但對任何$B$來說，$R/(1-w) \geq V(B|B)$，因爲根據囚徒困境的假設$R>P$且$R>(S+T)/2$，$R$是$B$和另一個$B$對局時最理想的做法。所以只要$T+wP/(1-w)>R/(1-w)$，則$V(\text{ALL D}|B)>V(B|B)$。這意味著，只要$w<(T-R)/(T-P)$，$B$就在第一步合作，「總是背叛」就會入侵$B$。如果$B$第一步合作的機率是正值，那麼唯有當$w$值夠大的時候，才能抵銷$V(\text{ALL D}|B)$的收穫超過$V_1(B|B)$的部分。同樣的道理，如果$B$直到$n$步才會第一個背叛，$V_n(\text{ALL D}|B)=$

$V_n(B|B)$，$V_{n+1}$(ALL D|$B$)的收穫超過 $V_{n+1}(B|B)$ 的部分，唯有在 $w$ 夠大時才能抵銷。

誠如先前所言，「特性理論」的結果顯示，善良的規則具有最大的彈性。

不過善良規則的彈性並不是無止境的，以下的理論便會說明這一點。其實，善良理論必須受到對方最先背叛的**激怒**（provoked），也就是說，在稍後的步數之中，規則得有有限的機會以自身的背叛反擊。

**命題4**。一個善良的策略要能是集體穩定的，它必須被對方的第一個背叛激怒。

**證明**。如果善良策略沒有在 $n$ 步爲對方的背叛所激怒，那麼就不是集體穩定的，因爲它可能爲只有在 $n$ 步背叛的規則入侵。

有個策略不管 $w$ 值或是收益參數 $T$、$R$、$P$ 和 $S$ 是多少，**總是**集體穩定。這就是「總是背叛」，這個規則不論如何都會背叛。

**命題5**。總是背叛始終是集體穩定的。

**證明**。「總是背叛」總是集體穩定的，這是因爲它總是背叛，所以只要能夠滿足「特性理論」的條件，就會背叛。

這是說在「壞蛋」的世界裡，可以採用任何其他的策略來抵禦入侵——只要新來者

是一個一個地來。所以合作的演化要順利進行，新來者必須以群集的型態來臨。假設$A$相對於已有規模的$B$尚屬罕見，那麼透過$A$群集可以爲彼此的環境提供重要的一部分，但對$B$的環境卻是微乎其微的。所以$A$的$p$群集入侵$B$，如果 $pV(A|A)+(1-p)V(B|B)>V(B|B)$，$p$值是指採用$A$策略的參與者和另外一個這樣的參與者互動的比例。解$p$值意味著如果新來者彼此互動程度足夠，便可能入侵。

值得注意的是，這是假設互動的配對並非隨機。隨機配對之下，$A$要碰上另外一個$A$實屬罕見。相對地，群集的概念是指$A$是$B$環境中微乎其微的一部分，但是對於另外一個$A$的環境並不微小。

第三章以數值的例子顯示群集的入侵其實容易到讓人驚訝。譬如，以典型的參數值$T=5$、$R=3$、$P=1$、$S=0$、$w=.9$來說，以牙還牙群集的互動當中，就算只有百分之五是和群集的其他成員，也能入侵壞蛋的人口。

我們可能也會問，當新來者人數增長，不再是當地人口中微不足道的一群時，又會如何？隨著新來人口增加，他們避免隨機混合的需求會跟著下降。假設和 $q$ 百分比的新來人口完全隨機混合，新來者在 $qV(A|A)+(1-q)V(A|B)>qV(B|A)+(1-q)V(B|B)$

時，表現會優於當地人口。用以牙還牙入侵總是背叛的情形來說，以標準收益觀之，條件不過 $q>1/17$。這些新來者在整個人口中只要占有幾個百分比，就能在隨機混合中如魚得水。

這個演化的順序始於群集，原本在整個人口中的比例微乎其微。只要其成員有機會和彼此會面，即使只有一點機會 $p$，也能站穩腳跟。這樣一來，當新的策略一旦蓬勃成長，對於非隨機混合的依賴程度就會降低。最後，當其成員在整體人口占有一席之地，即使只有幾個百分點 $q$，就算在完全隨機的混合下也能繼續成長。

下一個結果顯示哪些策略之於入侵「總是背叛」特別有效率，可以最低程度的群集達到目的。這些策略最能區分自己和「總是背叛」。如果策略就算對方從來沒有合作過，到頭來還是會予以合作，而且一旦合作，絕對不會再跟「總是背叛」合作，而是都跟其他採用同樣策略的參與者合作，那麼這個策略便是**最大限度區分的**（maximally discriminating）。

**命題6**。以牙還牙之類最大限度區分的策略，可以最小 $p$ 值群體入侵總是背叛的策略。

**證明**。規則要能夠入侵「總是背叛」，先合作的機會應該是正值才行。在和使用相同策略的對方交手時，「隨機合作」（stochastic cooperation）不及「確定性的合作」（deterministic cooperation），「隨機合作」會產生$S$和$T$相同的或然率，而且囚徒困境之中的$(S+T)/2<R$。所以，就算對方尚未合作過，策略必須在某步$n$合作，才能以最小$p$值入侵。$A$的$p$群集需要什麼條件才能入侵$B$的定義意味著，以最小$p$值入侵$B=$ 總是背叛的規則，都是$p^*$值最低的，$p^*=[V(B|B)-V(A|B)]/[V(A|A)-V(A|B)]$。在$V(A|A)$以及$V(A|B)$極大時（受限於$A$在$n$步首度合作的條件），$p^*$值最小，因爲$V(A|A)>V(B|B)>V(A|B)$。若且爲若$A$爲最大限度的區分規則（當$A$開始合作時，$p$最低值剛好不會構成影響），$V(A|A)$以及$V(A|B)$爲最大。以牙還牙就是這種策略，因爲它總在$n=1$時合作，和「總是背叛」只會合作一次，而且和其他以牙還牙策略總是合作。

下個命題顯示善良的規則（從來不會先背叛）其實比其他規則更能夠保護自己，免於群集的入侵。

**命題7**。如果一個善良的策略不可能被單一個體入侵，那也不會被任何由個體組成的群集入侵。

**證明**。以$A$規則的群集而言，要入侵由$B$規則構成的人口，就得$p \leq 1$，以便$pV(A|A)+(1-p)V(A|B)>V(B|B)$。不過如果$B$是良善的，那麼$V(A|A) \leq V(B|B)$。這是因爲$V(B|B)=R(1-w)$，這是當對方採用同一策略時可得的最大值。因爲$R>(S+T)/2$，所以數值最大。如果$V(A|A) \leq V(B|B)$，$A$能以群集入侵。不過這等於$A$以個體的型態入侵。

最後的結果則是有關領土系統，參與者只和其鄰居互動。每個參與者於每一代，都有得分代表它們和其鄰居互動的平均表現。如果參與者有一個或更多的鄰居比較成功，那麼這個參與者就會轉採最成功的策略（如果這些最成功的鄰居不相上下，便隨機選取）。

入侵以及穩定的概念進一步延伸到以下這些層面的領土系統。假設單一個體採用$A$策略，進入一個大家都採用$B$策略的地方。如果該地到頭來每處都轉爲$A$策略，那麼便可說$A$**領土入侵**$B$。如果沒有任何策略可以領土入侵$B$策略，便可說$B$策略是**領土穩定的**。

這點引出一個很重要的結論。

**命題8**。如果一個規則是集體穩定的，那麼便是領土穩定的。

第八章已就此提供證明，根據長方形的格狀說明領土體系。從這個證明，可以立刻應用到任何彼此糾葛程度不是過高的領土體系。具體而言，任何體系只要具備這個特質便能應用這個證明：在每一個點上，都有鄰居（不是起點的鄰居）的鄰居。

這說明領土體系內自我保護，免受入侵，至少和在自由混合的體系內一樣容易。有個重點在於（不是高度相關的），領土體系內維繫互相合作，至少和在自由混合的體系內一樣輕易。

# 註釋

## 1 合作的問題

①有關這些在國際政治的運用，在這些資料來源有很實用的說明：the security dilemma (Jervis 1978)、arms competition and disarmament (Rapoport 1960)、alliance competition (Snyder 1971)、tariff negotiations (Evans 1971)、taxation of multinational firms (Laver 1977)，以及 communal conflict in Cyprus (Lumsden 1973)。

②囚徒困境賽局是在一九五〇年左右由馬瑞爾·佛洛德 (Merrill Flood) 以及馬爾文·葛雪兒 (Melvin Dresher) 發明的，隨後不久由塔克 (A. W. Tucker) 正式底定。

③這些牽涉到不只配對互動的情形可以比較複雜的n人囚徒困境建模 (Olson 1965; G. Hardin 1968; Schelling 1973; Dawes 1980; R. Hardin 1982)。主要用於集體利益的提供。配對互動的結果可能有助於說明，可以怎樣對 $n$ 人的情況進行較爲深入的分析。對於兩人和 $n$ 人的對等對待，請參考 Taylor (1976, pp. 29-62)。

④當對方採取以牙還牙策略時，總是背叛可以得到的價值爲：

$$V(\text{ALL D}|\text{TFT}) = T + wP + w^2P + w^3P \ldots$$

$$T + wP(1 + w + w^2 \ldots)$$

$$T + wP/(1-w).$$

⑤如果對方採用「永遠報復」的策略，你在 $R/(1-w) > T + wP/(1-w)$ 或是 $w > (T-R)/(T-P)$ 的時候，最好採取「總是合作」的策略，而不是「總是背叛」。

⑥這意味著，效用僅須以間隔的概念來衡量。間隔的運用是說，效益的代表可能爲任何正面的、線性的變化所改變，但本質上還是一樣；又好比溫度不管用華氏還是攝氏來衡量，其本質都是一樣的。

⑦在經濟變化的演化模型中，不假設特意選擇的影響請參考 Nelson and Winter（1982）。

## 2 脫穎而出的以牙還牙策略

①第二輪競賽的賽局長度各異，如文中所述。

②相較於 Rapoport 與 Chammah（1965, pp. 72-73）的定義——在得到「笨蛋」的效益 $S$ 之後的那一步，還選擇合作的或然率——這個原諒的定義比較廣泛。

③在這期間的五個賽局，以牙還牙平均得分爲二二五分，喬斯爲二三〇。

④在競賽十五個規則的環境中，唐寧的修改版（Revised Downing），平均得分五四二分。相較於以牙還牙，後者得分平均得分爲五〇四分，以牙還二牙在同樣的環境中平均得分爲五三二分，往前看（LOOK AHEAD）平均得分爲五二〇。

⑤每一步結束賽局的或然率經過設定，好讓賽局長度的預期中值爲兩百步。實際上，每一對參與者都會配對五次，這五個賽局的長度是由隨機範例一次底定的。所產生的隨機範例具體指出每一對參與者對局的長度爲六三、七七、一五一、一五六以及三〇八。所以，一場賽局的長度變得比預期中的一五一步來得短。

⑥這個再生的過程產生了第二代的模擬競賽，在這場競賽中，所得平均分數是它和每一個規則對局的加權平均分數，而權值和最初世代其他規則的成功是成正比的。

⑦這項未來模擬賽的進行，是計算特定規則和所有其他規則對局所得加權平均分數——這些加權分數取自目前世代競賽之中其他規則的數字。下一世代特定規則的數字接著會和其數字在目前世代的結果以及得分成正比。這個程序假設效益矩陣是採取基本的衡量方式。這是本書之中，效益數據唯一以基本方式解讀，而不是單純以間隔的概念來看的例子。

## 3 合作演化的進程

①只要是孰悉賽局理論的人，都可看出這個集體穩定策略的定義就是「納許平衡」(Nash equilibrium)和其本身的策略。我對入侵以及集體穩定的定義和 Maynard Smith (1974) 對於入侵以及演化穩定性的定義略有不同。他對入侵的定義讓新來者可和當地人會面，只要當地人和新來者的對局表現優於新來者和另外一個新來者互動的得分，便可得到和當地人互相交手一樣的成績。我曾以新的定義簡化證明，並凸顯單一突變體的影響以及一小群突變體的影響力之間有何差異。任何具演化穩定性的規則同時也是集體穩定的。對於善良的規則而言（絕對不會第一個背叛的規則），這些定義是相等

的。如果「演化穩定」爲「集體穩定」所取代（只有附錄B中的「特性理論」——特性雖爲必要，但不再充分——除外），文中所有的命題依然爲眞。

②集體穩定性也可以一方參與者的承諾度來解讀，而不是整個人口的穩定性。假設某個參與者全心投入某個特定的策略。若且唯若這個策略是集體穩定的，那麼另外一個參與者除了採用同一策略之外，不會有更好的表現。

③這個限制情勢的方法在 Hamilton (1967) 的賽局中有很廣泛的應用，而限制策略的做法則爲 Maynard Smith and Price（1973）、Maynard Smith（1978）以及 Taylor（1976）所用。有關合作行爲潛在穩定性的結果，請參考 Luce and Raiffa（1957, p. 102）、Kurz（1977）以及 Hirshleifer（1978）。

④尤其是，以牙還牙成爲集體穩定的關鍵價值在於 $(T-R)/(T-P)$ 以及 $(T-R)/(R-S)$ 較高。誠如第一章所見，在和以牙還牙對局時「總是背叛」的得分爲 $T+wP+w^2P\ldots=T+wP/(1-w)$。這不會比 $w\geq(T-R)/(T-P)$ 時平均爲 $R/(1-w)$ 的人口來得好。同樣的道理，在使用以牙還牙策略時交替運用 $D$ 和 $C$，會得到 $T+wS+w^2T+w^3S\ldots=(T+wS)(1+w^2+w^4\ldots)=(T+wS)/(1-w^2)$。這和 $w\geq(T-R)/(R-S)$ 時平均得 $R/(1-w)$ 的人口相比不會比較好。至於完整的證明，請看附錄B

⑤身陷選舉紛爭的立法委員可能會獲得同僚的友善相助，因爲同僚也希望過去經事實證明態度合作、值得信賴、而且有效的人可以增加連任的機會。

⑥在分析競賽結果時，有個跟或然率有關的概念很有用。這就是**報復性規則**（retaliatory rule），主要是在對方「出其不意地」背叛之後立刻背叛。這種「可激怒性」的概念無須回應的確定性，也不需要立刻的回應。報復性規則的概念則需要這兩個條件。

⑦以牙還牙在和「總是背叛」對局時，會得到 $S+wP+w^2P...$ 也就是 $S+wP/(1-w)=0+(.9\times1)/.1=9$ 分。

⑧以牙還牙在群集參與者的表現會比「壞蛋」來得好，如果

$$30p+9(1-p)>10$$

或是 $$21p+9>10$$

或是 $$21p>1$$

或是 $$p>1/21$$。

典型當地人的得分因爲新來者小群集所占比例而增加的程度微乎其微，計算之中並未納入考量。有關細節請參考附錄A。

⑨有關細節請參考附錄B。

## 4 第一次世界大戰戰壕中的和平共存系統

① Ashworth（1980, pp. 171-75）估計，英國部隊大約三分之一的壕溝戰都會發生這種「和平共存」的體系。

## 5 生物系統中合作之演化

①有關達爾文理論對於個體性的強調，請參考 Williams（1966）以及 Hamilton（1975）更詳細的介紹。近年有關群體有效選擇最理想的例子，以及不相關參與者基因關聯性爲基礎的利他主義請參考 D. S.

Wilson（1979）。

②有關親緣關係理論（genetical kinship theory）的細節，請參考 Hamilton (1964)。互惠理論（reciprocity theory）請參考 Trivers（1971）、Chase（1980）、Fagen（1980）以及 Boorman 和 Levitt（1980）。

③ Caullery（1952）爲蘭共生菌以及地衣的對立提供例子的說明。譬如胡蜂—螞蟻共生的例子，參考 Hamilton（1972）。

④囚徒困境之外許多其它互動模式讓合作得以獲利。參考 Maynard Smith and Price（1973）對於同類生物之間互鬥模型的例子。

⑤有關演化之中的背叛，可參考 Hamilton（1971）。Fagen（1980）顯示有些單次交手的條件之下，背叛並不能解決問題。

⑥參數 $w$ 也可將互動之間的折扣率納入考量，如第一章所述。

⑦這個有關演化穩定策略（evolutionarily stable strategy, ESS）的定義出於 Maynard Smith and Price（1973）。有關緊密相關的集體穩定概念，參考第三章內容。

⑧不論選擇是屬於同時還是順序進行，以牙還牙的合作若且唯若 $w$ 夠高便是演化穩定的。在順序進行的情況下，假設有一固定的機率 $q$，一對之中的特定參與者是下一個需要幫助的人。那麼 $w$ 的臨界值可爲雙方價值的最低值 $A/q(A+B)$，$A$ 是提供協助的代價，$B$ 是獲得協助時的好處。這類協助的例子請參考 Thompson（1980）。

⑨ Yonge（1934）對單細胞藻類的無脊椎生物提供其他的例子。

⑩如第二章和第三章命題所述，以牙還牙穩定的門檻在 $(T-R)/(T-P)$ 以及 $(T-R)/(R-S)$ 的最大

化。

⑪參考 Eshel（1977）對於多管感染可能的影響。有關病毒運用條件策略的能力，可參考 Ptashne, Johnson, and Pabo（1982）的證明。

## 6 如何有效選擇合作策略

① Behr（1981）以這種標準重新計算電腦囚徒困境的第一輪競賽分數。他指出，有些環境下，參與者會試圖讓自己相對的收益（而非絕對收益）極大化。不過在這樣的解讀之下，這個賽局不再是囚徒困境，而是零和賽局，以「總是背叛」作爲任何 $w$ 值主要、而且是唯一的主導策略。

②這兩種參與者比較的標準可以正式的型態表達，以 $V(A|B)$ 代表 $A$ 策略和 $B$ 策略互動時的價值。人們常犯的錯誤是比較 $V(A|B)$ 和 $V(B|A)$，然後試圖確保自己的表現超越對方。誠如競賽結構所示，比較妥當的賽局目標，當是盡可能在和各種不同的對手互動時獲得高分。這意味著 $B$ 所有未來的極大化平均分數 $V(A|B)$。當碰上採用特定策略 $B$ 的對手時，判斷自己在對手採用 $B$ 策略的情況下，表現是否達到可能的極限，是個不錯的比較標準。在和策略 $B$ 對局時，你可以拿來和自己的策略 $A$ 做比較的是另外一個策略 $A'$。也就是 $V(A|B)$ 和 $V(A'|B)$ 的比較。整體而言，你想要的策略是，在所有未來會和 $B$ 策略對局能拿到最高平均分數的策略。

③有關吉普賽人和非吉普賽人之間的關係，也可參考 Kenrick and Puxon（1972）、Quintana and Floyd（1972）、Acton（1974）以及 Sway（1980）。

④這個群集有效性的例子是基於 $w=.9$，$T=5$，$R=3$，$P=1$，$S=0$。

# 7 如何促進合作

①「總是背叛」和以牙還牙對局的分數是 $T+wP+w^2P$，這是 $T+wP(1+w+\ldots)$，後者則是 $T+wP/(1-w)$。從數字來看，這是 $5+.9\times1/.1=14$。

②當對方採取以牙還牙策略時，交替運用背叛以及合作能夠獲得 $T+wS+w^2T+w^3S\ldots$ 的分數，這可透過配對簡化得到 $(T+wS)(1+w^2+w^4+w^6\ldots)$。這是 $(T+wS)/(1-w^2)$，或是 $(5+.0)/(1-.9\times.9)=26.3$。

③命題2說明穩定所需的參數之間的關係。不同的方法會讓收益矩陣本身的利益衝突降到最低。爲了做到這一點，目的設爲降低$T$和$P$，以及增加$R$以及$S$（Rapport and Chammah 1965, pp. 35-38, Axelrod 1970, pp. 65-70）。

④利他主義在社會科學領域的相關文獻十分豐富。在公共事務方面，人們往往根據社會負責的方式行動，譬如，回收使用過的瓶子（Tucker 1978）或捐血（Titmuss 1970）。事實上，利他主義很難解釋，在公共事務的領域，政治學家（Margolis 1982）指出，人們在私人事務或許有一套功用函數，公共事務則有另外一套。在經濟學家之中，怎樣考慮明顯爲利他的行爲以及怎樣對利他主義的效果建立模型（e.g. Becker 1976; Kurz 1977; Hirshleifer 1977; and Wintrobe 1981）備受矚目。心理學家更以實驗研究利他主義的根源（相關說明參考 Schwartz 1977）。賽局理論學家研究過功用互動在理論方面的影響（e.g. Valavanis 1958 and Fitzgerald 1975）。法務學者也進行研究，探討在什麼樣的條件下，拯救某人脫離麻煩境地會成爲法律上的義務（Landes and Posner 1978a and 1978b）。

⑤同樣的道理，細菌固然無法對賽局截至目前爲止之前的歷史，就其資訊過程進行複雜的分析，但應能就過去，譬如環境最近是否多少變得比較溫和，這類單純的特徵回應。

# 8 合作的社會結構

①以市場訊號的專有名詞來說，這叫做「指數」（index）（Spence 1974）。

②溫馴可得 $S+wR+w^2S+w^3R\ldots=(S+wR)/(1-w^2)$。如果反抗，你可能一直都在背叛，這樣會得 $P+wP+w^2P+w^3P\ldots=(P+wP)/(1-w^2)$。所以只要 $(S+wR)/(1-w^2)>(P+wP)/(1-w^2)$，就沒有反抗的誘因。當 $S+wR>P+wP$ 或是 $w>(P-S)/(R-P)$ 時就是如此。所以當 $w$ 值夠大，就沒有反抗的誘因。以 $S=0$，$P=1$ 和 $R=3$ 來說，當 $w$ 值大於½時，就不值得反抗。

③演化穩定策略的概念和集體穩定策略的概念相似，以善良規則而言，這相當於第三章第一個註腳所述。

④以這些數值以及 $w=1/3$，領土系統下 $D_n>T_{n-1}>D_{n-1}$，除了 $D_3>T_4$。在此 $D_n$ 爲「總是背叛」的分數，以「以牙還牙」$n$ 個鄰居，$T_n$ 是以牙還牙在 $n$ 個以牙還牙的鄰居之下的分數。譬如，$D_4=V(\text{ALL D}|\text{TIT FOR TAT})=T+wP/(1-w)=56+(1/3)(6)/(2/3)=59$。

⑤或然率領域有些尙待檢驗的領域如下：

1 互動的結束可能取決於互動的歷史。譬如，這可能取決於參與者的表現。不成功的參與者比較可能死亡、破產，或尋覓別的伴侶。這一點的意涵在於，利用一個不會或不能報復的參與者不見得值得。箇中原因在於不要殺雞取卵。

2 這個賽局無須作爲重複囚徒困境。譬如，這可能是「膽小鬼賽局」（game of chicken），最糟糕的結果就是互相背叛，就跟危機談判或罷工一樣（Jervis 1978）。有關這個賽局之中合作演化的結果，請參考 Maynard Smith（1982）以及 Lipman（1983）。另外一個可能性是，每一步的籌碼都可能不同（Axelrod 1979）。另外還有一個可能性，參與者的選擇可能不只是合作或是背叛的二元抉擇而已，可能還有更多的選擇。

3 每次互動的參與者可能不只兩位參與者。集體利益的提供爲 *n* 人囚徒困境的例子提供了典範（Olson 1965）。應用領域包括許多廣泛的問題，其中包括每一個參與者都各有誘因搭別人努力的順風車。例子包括遊說活動的組織，以及對集體安全的貢獻。誠如 Dawes（1980）所指，*n* 人的案例在質的層面不同於兩人的例子，原因有三。第一，背叛造成的傷害會擴散到許多參與者，而不是集中在單一個體。第二，*n* 人賽局中的行爲可能是匿名的。第三，每個參與者對所有其他參與者並無徹底的強化控制權，因爲收益是取決於有多少不同的參與者在這樣做。有關這方面的文獻汗牛充棟，但 Olson（1965）、G. Hardin（1968）、Schelling（1973）、Taylor（1976）、Dawes（1980）以及 R. Hardin（1982）是不錯的入門書。

4 參與者區分以及報復的能力可能都會有些代價。所以如果幾乎其他每一個人都採用善良策略，那麼說不定值得放棄區分和報復的能力。這樣有助於報復能力的偶爾萎縮，所以對於基於演化原則、而不是正式的條約，說不定爲研究限武以及裁武提供了研究的方法。

5 一個參與者不見得確知對方在前面一步所做的抉擇。這對隨機雜音（random noise）或體系誤解（systematic misperception）（Jervis 1976）可能是個問題。爲了對此進行研究，第一輪的電腦競賽設定誤解對方前一步行動的機率爲百分之一。結果以牙還牙還是獲得勝利。這個結果顯示以牙還牙在認知有些錯誤的情況下，還是相對較爲穩健。

## 9 堅定互惠

①囚徒困境比這個討論所說的略微廣泛。囚徒困境的公式並未假設，不論對方有沒有合作，協助都有其代價。所以，這是採用其他額外的假設，參與者雙方都偏好互相幫助，而不是利用和被利用。

②這也難怪，華盛頓成功的企業執行主管學到仰賴這種「陌生人政府」的互相性（Heclo 1977, pp. 154-234）。

③新來者的平均分數（除了隨機以外的所有規則）以及考慮到第一輪每一個賽局都是兩百步，而且第二輪競賽的長度各異，每場賽局平均分數爲一五一。

## 附錄A 競賽結果

①修正狀態過渡的程式包括一個錯誤，因此表現不見得盡如理想。不過，這套程式確實可對其他參賽作品構成有意思的挑戰，是個具代表性的策略。

②在此假想的競賽分數經過計算。爲讓代表規則的利害關係人族群規模達到實際規模的五倍大，且讓$T' = t + 4cs$，其中$T'$是新的競賽分數，$T$是原始競賽的分數，$c$是代表規則的迴歸分析等式的相關係數，$s$是特定規則和該代表規則對局所得的分數。應該注意的是，代表規則的利害關係人族群的概念，是這樣界定的，典型的規則是多個代表性規則構成的元素之一。假想的競賽之中，殘值是既定

# 參考書目

Acton, Thomas. 1974. *Gypsy Politics and Social Change: The Development of Ethnic Ideology and Pressure Politics among British Gypsies from Victorian Reformism to Romany Nationalism*. London: Routledge & Kegan Paul.

Alexander, Martin. 1971. *Microbial Ecology*. New York: Wiley.

Alexander, Richard D. 1974. "The Evolution of Social Behavior." *Annual Review of Ecology and Systemics* 5:325–83.

Allison, Graham T. 1971. *The Essence of Decision*. Boston: Little, Brown.

Art, Robert J. 1968. *The TFX Decision: McNamara and the Military*. Boston: Little, Brown.

Ashworth, Tony. 1980. *Trench Warfare, 1914–1918: The Live and Let Live System*. New York: Holmes & Meier.

Axelrod, Robert. 1970. *Conflict of Interest, A Theory of Divergent Goals with Applications to Politics*. Chicago: Markham.

——. 1979. "The Rational Timing of Surprise." *World Politics* 31:228-46.

——. 1980a. "Effective Choice in the Prisoner's Dilemma." *Journal of Conflict Resolution* 24:3-25.

——. 1980b. "More Effective Choice in the Prisoner's Dilemma." *Journal of Conflict Resolution* 24:379-403.

——. 1981. "The Emergence of Cooperation Among Egoists." *American Political Science Review* 75:306-18.

Axelrod, Robert, and William D. Hamilton. 1981. "The Evolution of Cooperation." *Science* 211:1390-96.

Baefsky, P., and S. E. Berger. 1974. "Self-Sacrifice, Cooperation and Aggression in Women of Varying Sex-Role Orientations." *Personality and Social Psychology Bulletin* 1:296-98.

Becker, Gary S. 1976. "Altruism, Egoism and Genetic Fitness: Economics and Sociobiology." *Journal of Economic Literature* 14:817-26.

Behr, Roy L. 1981. "Nice Guys Finish Last-Sometimes." *Journal of Conflict Resolution* 25:289-300.

Belton Cobb, G. 1916. *Stand to Arms*. London: Wells Gardner, Darton & Co.

Bethlehem, D. W 1975. "The Effect of Westernization on Cooperative Behavior in Central Africa." *International Journal of Psychology* 10:219-24.

Betts, Richard K. 1982. *Surprise Attack: Lessons for Defense Planning*. Washington, D.C.: Brookings Institution.

Black-Michaud, Jacob. 1975. *Cohesive Force: Feud in the Mediterranean and Middle East*. Oxford: Basil

Blackwell.
Blau, Peter M. 1968. "Interaction: Social Exchange." *In International Encyclopedia of the Social Sciences*, volume 7, pp. 452-57. New York: Macmillan and Free Press.
Bogue, Allan G., and Mark Paul Marlaire. 1975. "Of Mess and Men: The Boardinghouse and Congressional Voting, 1821-1842." *American Journal of Political Science* 19:207-30.
Boorman, Scott, and Paul R. Levitt. 1980. *The Genetics of Altruism*. New York: Academic Press.
Brams, Stcven J. 1975. "Newcomb's Problem and the Prisoner's Dilemma." *Journal of Conflict Resolution* 19:596-612.
Buchner, P. 1965. Endosymbiosis of Animals with Plant Microorganisms. New York: Interscience.
Calfee, Robert. 1981. "Cognitive Psychology and Educational Practice." In D.C. Berliner, ed., *Review of Educational Research*, 3-73. Washington, D.C.: American Educational Research Association.
Caullery, M. 1952. *Parasitism and Symbiosis*. London: Sedgwick and Jackson.
Chase, Ivan D. 1980. "Cooperative and Noncooperative Behavior in Animals." *American Naturalist* 115: 827-57.
Clarke, Edward H. 1980. *Demand Revelation and the Provision of Public Goods*. Cambridge, Mass.: Ballinger.
Cyert, Richard M., and James G. March. 1963. *A Behavioral Theory of the Firm*. Englewood Cliffs, N.J.: Prentice-Hall.

Dawes, Robyn M. 1980. "Social Dilemma." *Annual Review of Psychology* 31:169–93.

Dawkins, Richard. 1976. *The Selfish Gene*. Oxford: Oxford University Press.

Downing, Leslie L. 1975, "The Prisoner's Dilemma Game as a Problem-Solving Phenomenon: An Outcome Maximizing Interpretation." *Simulation and Games* 6:366–91.

Dugdale, G. 1932. *Langemarck and Cambrai*. Shrewsbury, U.K.: Wilding and Son.

Elster, Jon. 1979. *Ulysses and the Sirens, Studies in Rationality and Irrationality*. Cambridge: Cambridge University Press.

Emlen, Steven T. 1978. "The Evolution of Cooperative Breeding in Birds." In J. R. Kreps and Nicholas B. Davies, eds., *Behavioral Ecology: An Evolutionary Approach*, 245–81. Oxford: Blackwell.

Eshel, I. 1977. "Founder Effect and Evolution of Altruistic Traits-An Ecogenetical Approach." *Theoretical Population Biology* 11:410–24.

Evans, John W. 1971. *The Kennedy Round in American Trade Policy*. Cambridge, Mass.: Harvard University Press.

Fagen, Robert M. 1980. "When Doves Conspire: Evolution of Nondamaging Fighting Tactics in a Nonrandom-Encounter Animal Conflict Model." *American Naturalist* 115:858–69.

*The Fifth Battalion the Cameronians*. 1936. Glasgow: Jackson & Co.

Fischer, Eric A. 1980. "The Relationship between Mating System and Simultaneous Hermaphroditism in the Coral Reel Fish, *Hypoplectrum Nigricans* (Serranidae)." *Animal Behavior* 28:620–33.

Fisher, R. A. 1930. *The Genetical Theory of Natural Selection*. Oxford: Oxford University Press.

Fitzgerald, Bruce D. 1975. "Self-Iinterest or Altruism." *Journal of Conflict Resolution* 19:462-79 (with a reply by Norman Frohlich, pp. 480-83).

Friedman, James W. 1971. "A Non-Cooperative Equilibrium for Supergames." *Review of Economic Studies* 38:1-12.

Geschwind, Norman. 1979. "Specializations of the Human Brain." *Scientific American* 241 (no. 3):180-99.

Gillon, S., n.d. *The Story of the 29th Division*. London: Nelson & Sons.

Gilpin, Robert. 1981. *War and Change in World Politics*. Cambridge: Cambridge University Press.

Greenwell, G. H. 1972. *An Infant in Arms*. London: Alien Lane.

Gropper, Rena. 1975. *Gypsies in the City: Cultural Patterns and Survival*. Princcton, N.J.: Princeton University Press.

Haldane, J. B. S. 1955. "Population Genetics." *New Biology* 18:34-51.

Hamilton, William D. 1963. "The Evolution of Altruistic Behavior." *American Naturalist* 97:354-56.

——. 1964. "The Genetical Evolution of Social Behavior." *Journal of Theoretical Biology* 7:1-16 and 17-32.

——. 1966. "The Moulding of Senescence by Natural Selection." Journal of *Theoretical Biology* 12:12-45.

——. 1967. "Extraordinary Sex Ratios." *Science* 156:447-88.

——. 1971. "Selection of Selfish and Altruistic Behavior in Some Extreme Models." In J. F. Eisenberg and

W. S. Dillon, eds., *Man and Beast: Comparative Social Behavior*. Washington, D.C.: Smithsonian Press.

——. 1972. "Altruism and Related Phenomena, Mainly in Social Insects." *Annual Review of Ecology and Systemics* 3:193-232.

——. 1975. "Innate Social Aptitudes of Man: An Approach from Evolutionary Genetics." In Robin Fox, ed., *Biosocial Anthropology*, 133-55. New York: Wiley.

——. 1978. "Evolution and Diversity under Bark." In L. A. Mound and N. Waloff, eds., *Diversity of Insect Faunas*, pp. 154-75. Oxford: Blackwell.

Harcourt, A. H. 1978. "Strategies of Emigration and Transfer by Primates, with Particular Reference to Gorillas." *Zeitschrift für Tierpsychologie* 48:401-20.

Hardin, Garrett. 1968. "The Tragedy of the Commons." *Science* 162:1243-48.

Hardin, Russell. 1982. *Collective Action*. Baltimore: Johns Hopkins University Press.

Harris, R. J. 1969. "Note on 'Optimal Policies for the Prisoner's Dilemma.'" *Psychological Review* 76:373-75.

Hay, Ian. 1916. *The First Hundred Thousand*. London: Wm. Blackwood.

Heclo, Hugh. 1977. *A Government of Strangers: Executive Politics in Washington*. Washington, D.C.: Brookings Institution.

Henle, Werner, Gertrude Henle, and Evelyne T. Lenette. 1979. "The EpsteinBarr Virus." *Scientific*

*American* 241 (no. 1):48-59.

Hills, J. D. 1919. *The Fifth Leicestershire 1914-1918*. Loughborough, U.K.: Echo Press.

Hinckley, Barbara. 1972. "Coalitions in Congress: Size and Ideological Distance." *Midwest Journal of Political Science* 26:197-207.

Hirshleifer, Jack. 1977. "Shakespeare vs. Bccker on Altruism: The Importance of Having the Last Word." *Journal of Economic Literature* 15:500-02 (with comment by Gordon Tullock, pp. 502-6 and reply by Gary S. Becker, pp. 506-7).

——. 1978. "Natural Economy versus Political Economy." *Journal of Social and Biological Structures* 1: 319-37.

Hobbes, Thomas. 1651. *Leviathan*. New York: Collier Books edition, 1962.

Hofstadter, Douglas R. 1983. "Metamagical Themas: Computer Tournaments of the Prisoner's Dilemma Suggest How Cooperation Evolvcs." *Scientific American* 248 (no. 5):16-26.

Hosoya, Chihiro. 1968. "Miscalculations in Deterrent Policy: Japanese—U.S. Relations, 1938-1941." *Journal of Peace Research* 2:97-115.

Howard, Nigel. 1966. "The Mathematics of Mcta-Games." *General Systems* 11 (no. 5):187-200.

——. 1971. *Paradoxes of Rationality: Theory of Metagames and Political Behavior*. Cambridge, Mass.: MIT Press.

Ike, Nobutaka, ed. 1967. *Japan's Decision for War, Records of the 1941 Policy Conferences*. Stanford,

Calif.: Stanford University Press.

Janzen, Daniel H. 1966. "Coevolution of Mutualism between Ants and Acacias in Central America." *Evolution* 20:249-75.

——. 1979. "How to be a Fig." *Annual Review of Ecology and Systematics* 10:13-52.

Jennings, P. R. 1978. "The Second World Computer Chess Championships." *Byte 3* (January):108-18.

Jervis, Robert. 1976. *Perception and Misperception in International Politics*. Princeton, N.J.: Princeton University Press.

——. 1978. "Cooperation Under the Security Dilemma." *World Politics* 30:167-214.

Jones, Charles O. 1977. "Will Reform Change Congress?" In Lawrence C. Dodd and Bruce I. Oppenheimer, eds., *Congress Reconsidered*. New York: Praeger.

Kelley, D. V. 1930. *39 Months*. London: Ernst Benn.

Kenrick, Donald, and Gratton Puxon. 1972. *The Destiny of Europe's Gypsies*. New York: Basic Books.

Koppen, E. 1931. *Higher Command*. London: Faber and Faber.

Kurz, Mordecai. 1977. "Altruistic Equilibrium." In Bela Belassa and Richard Nelson, eds., *Economic Progress, Private Values, and Public Policy*, 177-200. Amsterdam: North Holland.

Landes, William M., and Richard A. Posner. 1978a. "Altruism in Law and Economics." *American Economic Review* 68:417-21.

——. 1978b. "Salvors, Finders, Good Samaritans and Other Rescuers: An Economic Study of Law and

Altruism." *Journal of Legal Studies* 7:83-128.

Laver, Michael. 1977. "Intergovernmental Policy on Multinational Corporations, A Simple Model of Tax Bargaining." *European Journal of Political Research* 5:363-80.

Leigh, Egbert G., Jr. 1977. "How Does Selection Reconcile Individual Advantage with the Good of the Group?" *Proceedings of the National Academy of Sciences*, USA 74:4542-46.

Ligon, J. David, and Sandra H. Ligon. "Communal Breeding in Green Woodhoopcs as a Case for Reciprocity." *Nature* 276:496-98.

Lipman, Bart. 1983. "Cooperation Among Egoists in Prisoner's Dilemma and Chicken Games." Paper presented at the annual meeting of the American Political Science Association, September 1-4, Chicago.

Luce, R. Duncan, and Howard Raiffa. 1957. *Games and Decisions.* New York: Wiley.

Luciano, Ron, and David Fisher. 1982. *The Umpire Strikes Back.* Toronto: Bantam Books.

Lumsden, Malvern. 1973. "The Cyprus Conflict as a Prisoner's Dilemma." *Journal of Conflict Resolution* 17:7-32.

Macaulay, Stewart. 1963. "Non-Contractual Relations in Business: A Preliminary Study." *American Sociological Review* 28:55-67.

Manning, J. T. 1975. "Sexual Reproduction and Parent-Offspring Conflict in RNA Tumor Virus-Host Relationship—Implications for Vertebrate Oncogene Evolution." *Journal of Theoretical Biology* 55:

397–413.

Margolis, Howard. 1982. *Selfishness, Altruism and Rationality.* Cambridge: Cambridge University Press.

Matthews, Donald R. 1960. *U.S. Senators and Their World.* Chapel Hill: University of North Carolina Press.

Mayer, Martin. 1974. *The Bankers.* New York: Ballantinc Books.

Mayhew, David R. 1975. *Congress: The Electoral Connection.* New Haven, Conn.: Yale University Press.

Maynard Smith, John. 1974. "The Theory of Games and the Evolution of Animal Conflict." *Journal of Theoretical Biology* 47:209–21.

——. 1978. "The Evolution of Behavior." *Scientific American* 239:176–92.

——. 1982. *Evolution and the Theory of Games.* Cambridge: Cambridge University Press.

Maynard Smith, John, and G. A. Parker. 1976. "The Logic of Asymmetric Contests." *Animal Behavior* 24:159–75.

Maynard Smith, John, and G. R. Price. 1973. "The Logic of Animal Conflicts." *Nature* 246:15–18.

Mnookin, Robert H., and Lewis Kornhauser. 1979. "Bargaining in the Shadow of the Law." *Yale Law Review* 88:950–97.

Morgan, J. H. 1916. *Leaves from a Field Note Book.* London: Macmillan.

Nelson, Richard R., and Sidney G. Winter. 1982. *An Evolutionary Theory of Economic Change.* Cambridge, Mass.: Harvard University Press.

Nydegger, Rudy V. 1978. "The Effects of Information Processing Complexity and Interpersonal Cue Availability on Strategic Play in a Mixed-Motive Game." Unpublished.

——. 1974. "Information Processing Complexity and Gaming Behavior: The Prisoner's Dilemma." *Behavioral Science* 19:204-10.

Olson, Mancur, Jr. 1965. *The Logic of Collective Action.* Cambridge, Mass.: Harvard University Press.

Orlove, M. J. 1977. "Kin Selection and Cancer." *Journal of Theoretical Biology* 65:605-7.

Ornstein, Norman, Robert L. Pcabody, and David W. Rhode. 1977. "The Changing Senate: From the 1950s to the 1970s." In Lawrence C. Dodd and Brucc I. Oppenheimer, eds., *Congress Reconsidered.* New York: Praeger.

Oskamp, Stuart. 1971. "Effects of Programmed Strategies on Cooperation in the Prisoner's Dilemma and Other Mixed-Motive Games." *Journal of Conflict Resolution* 15:225-29.

Overcast, H. Edwin, and Gordon Tullock. 1971. "A Differential Approach to the Repeated Prisoner's Dilemma." *Theory and Decision* 1:350-58.

Parker, G. A. 1978. "Selfish Genes, Evolutionary Genes, and the Adaptiveness of Behaviour." *Nature* 274: 849-55.

Patterson, Samuel. 1978. "The Semi-Sovereign Congress." In Anthony King, ed., *The New American Political System.* Washington, D.C.: American Enterprise Institute.

Polsby, Nelson. 1968. "The Institutionalization of the U.S. House of Representatives." *American Political*

*Science Review* 62:144-68.

Ptashne, Mark, Alexander D. Johnson, and Carl 0. Pabo. 1982. "A Genetic Switch in a Bacteria Virus." *Scientific American* 247 (no. 5):128-40.

Quintana, Bertha B., and Lois Gray Floyd. 1972. *Que Citano! Gypsies of Southern Spain.* New York: Holt, Rinehart & Winston.

Raiffa, Howard. 1968. *Decision Analysis.* Reading, Mass.: Addison-Wesley.

Rapoport, Anatol. 1960. *Fights, Games, and Debates.* Ann Arbor: University of Michigan Press.

——. 1967. "Escape from Paradox." *Scientific American* 217 (July):50-56.

Rapoport, Anatol, and Albert M. Chammah. 1965. *Prisoner's Dilemma.* Ann Arbor: University of Michigan Press.

Richardson, Lewis F. 1960. *Arms and Insecurity.* Chicago: Quadrangle.

Riker, William, and Steve J. Brams. 1973. "The Paradox of Vote Trading." *American Political Science Review* 67:1235-47.

Rousseau, Jean Jacques. 1762. *The Social Contract.* New York: E. P. Dutton edition, 1950.

Rutter, Owen, ed. 1934. *The History of the Seventh (Services) Battalion The Royal Sussex Regiment 1914-1919.* London: Times Publishing Co.

Rytina, Steve, and David L. Morgan. 1982. "The Arithmetic of Social Relations: The Interplay of Category and Network." *American Journal of Sociology* 88:88-113.

Samuelson, Paul A. 1973. *Economics.* New York: McGraw-Hill.

Savage, D. C. 1977. "Interactions between the Host and Its Microbes." In R. T. J. Clarke and T. Bauchop, eds., *Microbial Ecology of the Gut*, 277-310. New York: Academic Press.

Schelling, Thomas C. 1960. *The Strategy of Conflict.* Cambridge, Mass.: Harvard University Press.

——. 1973. "Hockey Helmets, Concealed Weapons, and Daylight Saving: A Study of Binary Choices with Externalities." *Journal of Conflict Resolution* 17:381-428.

——. 1978. "Micromotives and Macrobehavior." In Thomas Schelling, ed., *Micromotives and Macrobehavior*, 9-43. New York: Norton.

Scholz, John T. 1983. "Cooperation, Regulatory Compliance, and the Enforcement Dilemma." Paper presented at the annual meeting of the American Political Science Association, September 1-4, Chicago.

Schwartz, Shalom H. 1977. "Normative Influences on Altruism." In Leonard Berkowitz, ed., *Advances in Experimental Social Psychology*, 10:221-79.

Sheehan, Neil, and E. W. Kenworthy, eds. 1971. *Pentagon Papers.* New York: Times Books.

Shubik, Martin. 1959. *Strategy and Market Structure.* New York: Wiley.

——. 1970. "Game Theory, Behavior, and the Paradox of Prisoner's Dilemma: Three Solutions." *Journal of Conflict Resolution* 14:181-94.

Simon, Herbert A. 1955. "A Behavioral Model of Rational Choice." *Quarterly Journal of Economics* 69:99

-118.

Smith, Margaret Bayard. 1906. *The First Forty Years of Washington Society*. New York: Scribner's.

Snyder, Glenn H. 1971. "'Prisoner's Dilemma' and 'Chicken' Models in International Politics." *International Studies Quarterly* 15:66-103.

Sorley, Charles. 1919. *The Letters of Charles Sorley*. Cambridge: Cambridge University Press.

Spence, Michael A. 1974. *Market Signalling*. Cambridge, Mass.: Harvard University Press.

Stacey, P. B. 1979. "Kinship, Promiscuity, and Communal Breeding in the Acorn Woodpecker." *Behavioral Ecology and Sociobiology* 6:53-66.

Stern, Curt. 1973. *Principles of Human Genetics*. San Francisco: Freeman. Sulzbach, H. 1973. With the German Guns. London: Leo Cooper. Sutherland, Anne. 1975. Gypsies, The Hidden Americans. New York: Free Press. Sway, Marlene. 1980. "Simmel's Concept of the Stringer and the Gypsies." *Social Science Information* 18:41-50.

Sykes, Lynn R., and Jack F. Everden. 1982. "The Verification of a Comprehensive Nuclear Test Ban." Scientific American 247 (no. 4):47-55.

Taylor, Michael. 1976. *Anarchy and Cooperation*. New York: Wiley.

Thompson, Philip Richard. 1980. "'And Who Is My Neighbour?' An Answer from Evolutionary Genetics." *Social Science Information* 19:341-84.

Tideman, T. Nicholas, and Gordon Tullock. 1976. "A New and Superior Process for Making Social

Choices." *Journal of Political Economy* 84:1145-59.

Titmuss, Richard M. 1971. *The Gift Relationship: From Human Blood to Social Policy.* New York: Random House.

Treisman, Michel. 1980. "Some Difficulties in Testing Explanations for the Occurrence of Bird Song Dialects." *Animal Behavior* 28:311-12.

Trivers, Robert L. 1971. "The Evolution of Reciprocal Altruism." *Quarterly Review of Biology* 46:35-57.

Tucker, Lewis R. 1978. "The Environmentally Concerned Citizen: Some Correlates." *Environment and Behavior* 10:389-418.

Valavanis, S. 1958. "The Resolution of Conflict When Utilities Interact." *Journal of Conflict Resolution* 2:156-69.

Wade, Michael J., and Felix Breden. 1980. "The Evolution of Cheating and Selfish Behavior." *Behavioral Ecology and Sociobiology* 7:167-72.

*The War the Infantry Knew.* 1938. London: P. S. King.

Warner, Rex, trans. 1960. *War Commentaries of Caesar.* New York: New American Library.

Wiebes, J. T. 1976. "A Short History of Fig Wasp Research." *Gardens Bulletin* (Singapore):207-32.

Williams, George C. 1966. *Adaptation and Natural Selection.* Princeton, N.J.: Princeton University Press.

Wilson, David Sloan. 1979. *Natural Selection of Populations and Communities.* Menlo Park, Calif.: Benjamin/Cummings.

Wilson, Edward O. 1971. *The Insect Societies.* Cambridge, Mass.: Harvard University Press.

——. 1975. *Sociobiology.* Cambridge, Mass.: Harvard University Press.

Wilson, Warner. 1971. "Reciprocation and Other Techniques for Inducing Cooperation in the Prisoner's Dilemma Game." *Journal of Conflict Resolution* 15:167-95.

Wintrobe, Ronald. 1981. "It Pays to Do Good, But Not to Do More Good Than It Pays: A Note on the Survival of Altruism." *Journal of Economic Behavior and Organization* 2:201-13.

Wrangham, Richard W. 1979. "On the Evolution of Ape Social Systems." *Social Science Information* 18: 335-68.

Yonge, C. M. 1934. "Origin and Nature of the Association between Invertebrates and Unicellular Algae." *Nature* (July 7, 1939) 34:12-15.

Young, James Sterling. 1966. *The Washington Community, 1800-1828.* New York: Harcourt, Brace & World.

Zinnes, Dina A. 1976. *Contemporary Research in International Relations.* New York: Macmillan.

**國家圖書館出版品預行編目資料**

合作的競化／Robert Axelrod 著；胡瑋珊
譯.-- 初版.-- 臺北市：大塊文化，2010.05
面；　公分.-- (from ; 64)
譯自：The Evolution of Cooperation
ISBN　978-986-213-135-0 (平裝)

1.合作 2.博奕論 3.衝突管理 4.利己主義 5.社會互動

541.65　　　98013600

LOCUS

LOCUS

LOCUS

LOCUS